陰謀論は［4次元の］無限ループを抜けて!

最高のエンタメ!
でもいつまで
そこにいるの?

Dimension

Expand your consciousness to a higher dimension.

著者
Yoshino

さあ、高次元の世界へ行こう

「次元の構造」35ページ、94ページ参照

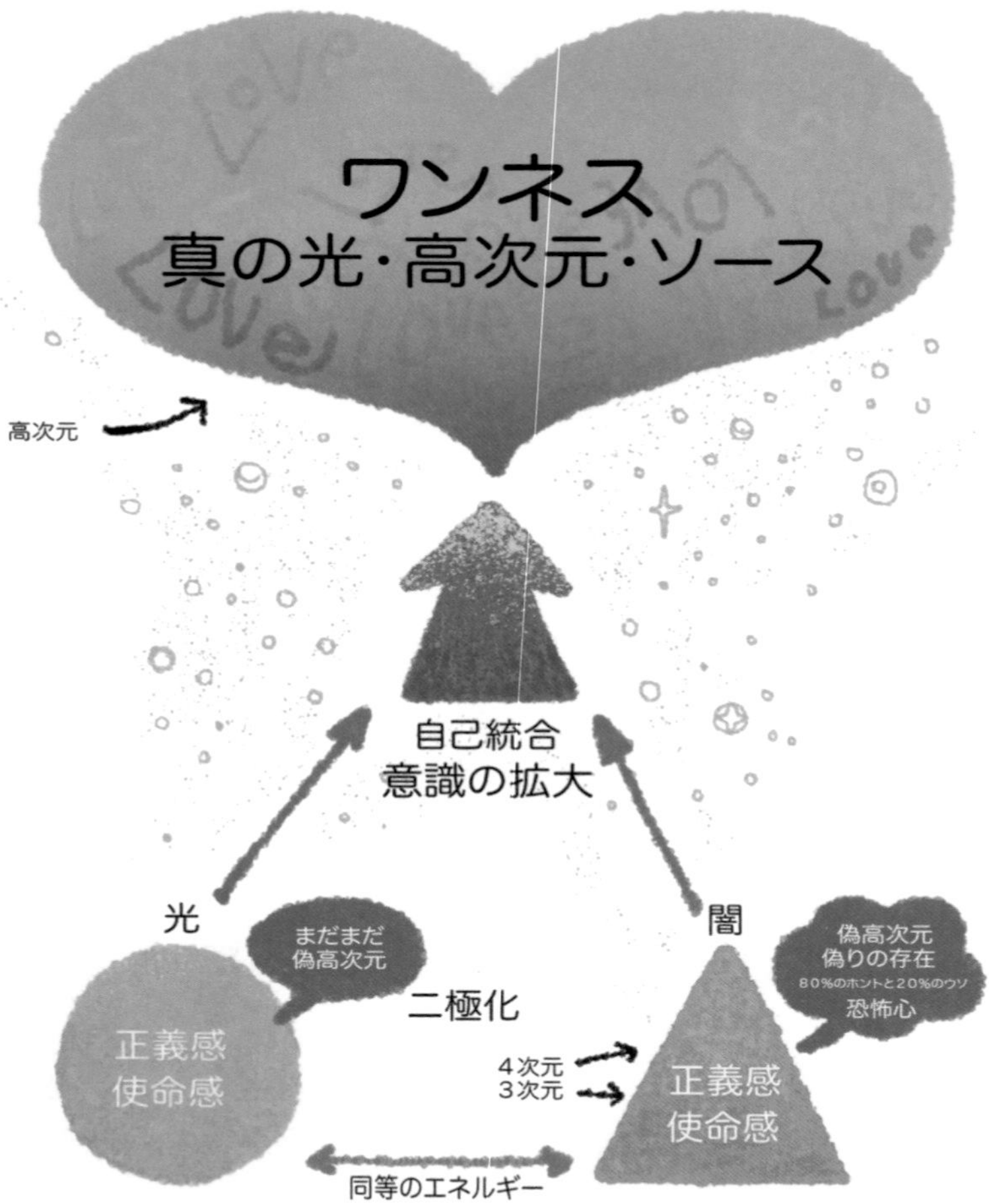

「ワンネスへの道」36ページ参照

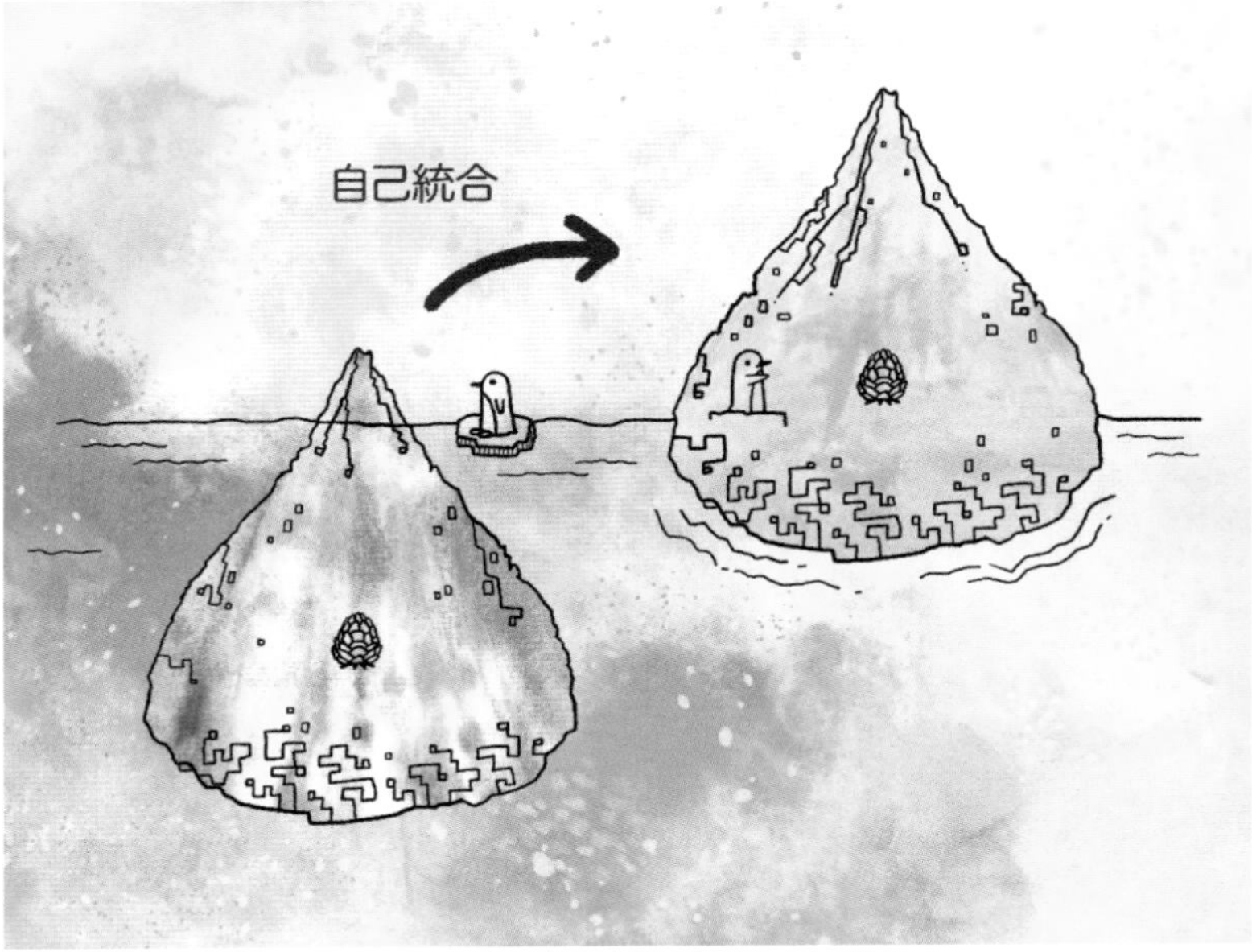

「潜在意識の消滅」167ページ参照

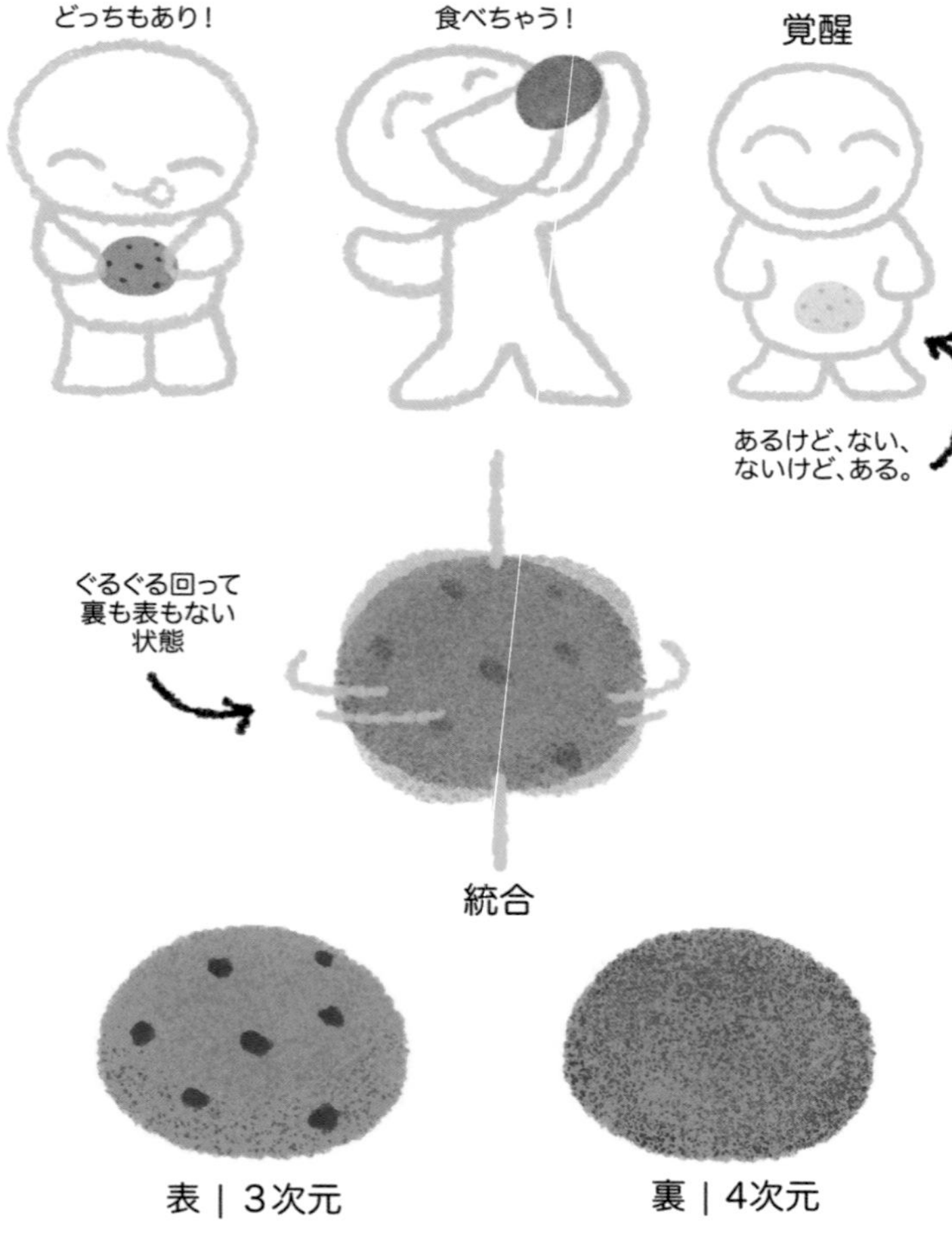
どっちもあり！
食べちゃう！
覚醒
あるけど、ない、
ないけど、ある。
ぐるぐる回って
裏も表もない
状態
統合
表｜3次元
裏｜4次元

「統合とは」168ページ参照

そもそも、闇落ちって、なんでしょう？

4次元ループと重なりますが、「闇落ち」とは、「偽高次元にひっかかってしまうこと」と、私は定義づけています。覚醒していく途中で、誰もが4次元を通ります。

4次元には、闇が存在します。通る者は、自分の中の闇、世界の闇、宇宙の闇と対峙させられます。

目醒めた地球とは、多極化の惑星です。

多極化とは、今まで選択肢が二つしかなかったところに、選択肢がたくさん増えることです。

枠がどんどん外れた自由な世界です。選ぶだけではありません。創り出していくのです。

「自分軸の確立」が、必然となります。多極化の先には、なにがあるのでしょうか？

それは、「統合」です。

過去世はすべて、あなたの書いた脚本の中の、一つのエンターテインメントだったと気づくのです。

ジャッジメントのない、魂が設定し、どうしても経験したかった、ただの体験。こんな最高のエンターテインメント、他にありますか？

陰謀論も同じです。表も裏も、裏の裏も裏の表も、いろんな角度から見られるって、素晴らしいと思いませんか？　過去世も陰謀論も最高のエンターテインメントです。

心からそう思えた時、人は４次元を抜けるのです。

この３次元に存在しているすべてのものは統合できます。

すべてが二極化しているからです。

あなたが存在している、あるいは存在していたすべてのタイムラインも統合できるのです。

あの人が悪い、この人が悪いと、言っている場合ではありませんよ。

自己統合しましょう。

どうしたら、４次元意識を抜けたとわかるでしょうか？　それは、ズバリ、「敵がいなくなる」からです。４次元にいる間は、敵がいます。相手が誰であれ、あなたの中の正義感やエゴが揺さぶられるのなら、そこはまだ４次元です。

無敵！　この文字の如く、敵のいない状態、無敵になるのが、５次元意識です。相手を敵ではなく、同じ魂の存在として見られるようになると、そこはもう５次元の世界です。

５次元意識で３次元を生きるってとっても楽なんです。

カバーデザイン　フォーチュンボックス　森瑞

カバー・本文イラスト　Makiko Tatsumi

はじめに

冥界、幽界、陰謀論から抜けるタイミングが来ました！

この本の題名に「陰謀論」と入っていますが、陰謀論についての本ではありません。陰謀論者たちの語る内容が真実か否かも、関係ありません。実際3割は本当で7割は嘘です。そんなことより、これは、冥界、幽界とも言われ、陰謀論が生息する4次元エネルギーという眠りの意識から、そろそろ抜けるタイミングだよ！　という本です。4次元が悪いと言っているわけではなく、4次元をより深く理解して、そこから抜けよう！　より高い次元に移行しよう！その方法を教えるよ！　という本です。

アセンションした私だからこそ見える次元があります。私たちの本質がどこの次元にあって、４次元からどれだけ離れているかも、しっかり視覚化できている私だからこそ、書けることがあります。人類は、４次元意識を超えて、真の高次元意識に突入するタイミングに来ています。

この本に出会ったということは、あなたもそのタイミングに来ている、準備が整った、ということです。そんなあなたは、今よりも高いところに行ける人です。４次元のコントロールから抜けて、飢餓も戦争もない世界で生きたい！　もっと毎日を楽しんで生きたい！　魂の本質で生きたい！　と思うなら、是非最後までおつきあい下さい。

目次

Chapter 1

4次元意識
あなたは「偽高次元」にいるのかもしれません！

Chapter 2

次元上昇
スターシードは人類でなく地球を救うためにやって来ている!!

Chapter 3

自己統合

4次元ループを抜けるために霊性を遮断し、闇との繋がりを切って下さい！

Chapter 4

覚醒

目醒めると決めた魂が必ず出会う「スピリチュアル・カタリスト」について語ります！

Chapter 5

5次元の世界へ

「眠り続ける地球」と「目醒める地球」二極化が進むこの惑星であなたはどちらに住みたいか⁉

本文仮名書体　文麗仮名（キャップス）

Chapter 1

4次元意識

あなたは「偽高次元」にいるのかもしれません！

「4次元ループ」にハマらせる闇の技とは⁉

覚醒へ向かう途中で、「4次元ループ」にハマってしまう人たちがいます。4次元とは、冥界や幽界とも呼ばれる場所で、スピ系で言う「闇」が生息する場所です。覚醒する人は、必ずここを通ります。スッと、通りぬける人もいれば、ある一定期間とどまり、抜けていく人もいます。中には、ループにぐるぐるとハマり、そこから抜けられなくなってしまう人もいます。いわゆる「陰謀論者」と呼ばれる人たちは、この「4次元ループ」にハマってしまった典型的な例です。それは別に「悪い」ことではありません。その人の成長段階に合わせて、起こるべきことが起きているだけです。お友達が「ああ～この人は、4次元ループにハマっているだけなんだな」とわかると、気が楽になりませんか？　そして、もし、あなたが今「もしかして、私もハマってる？」と思ったのなら、読み続けて下さい。

まずは、4次元に生息する「闇」について、簡単に説明します。闇は、昔に比べて、巧妙な手口を使ってくるようになりました。いかにも闇だぞ〜というスタイルではなく、光のフリをして近づいてきます。光の言葉を使い、光っぽいことを言い、誘惑してきます。私はこれを「偽高次元《にせこうじげん》」と呼んでいます。他人を介して、あるいは、チャネリング時にこんなことを感じたら、闇の声の可能性大です。

○思考では説明できない、違和感を感じる。
○恐怖心をあおる。
○正義感をあおる。
○なんとかしなきゃ！　をあおる。

○これは人助け、と思わせる。
○このままでいいのか？　をあおる。
○あなたは特別、と思わせる。
○あなたにしかできない、と思わせる。
○あなたはコントロールされている、と思わせる。

これらはすべて、闇の動きです。

あなたの知らなかった情報を一つ提供し、それが「真実」だと言う。「そっか、そうだったのか」と思わせ、同時に巧みに恐怖心をそそる。ピュアな心のあなたは、「なんとかしなければ！　みんなを助けなきゃ！」と思う。闇は情報をまた一つ、また一つと提供していく。知らず知らずのうちに、引き込まれていってしまう。それがループにハマらせる、闇の技です。これらの情報がすべて嘘だとは言いません。闇の提供する情報の約7割は嘘、約3割は本当です。嘘の中に真実を少しだけ混ぜていく。これも、ハマらせていく技ですね。でも、真実とか、嘘とか、語っている時点で、二極化を産んでいますよね？　それは、光の仕事ではありません。すべてを統合していく、良いも悪いも、真実も嘘もない世界に導いていく、それが光の仕事です。

しばらくこの次元にいたあなたも、徐々に「ん？」と思ってくるかもしれません。「ハッキリとは言えないけれど、なにかがおかしい……もっともらしいことを言っているけれど、なにかが違う……違和感を感じる……」と複雑な心境になってきます。悶々としてきたら、卒業に近づいてきた証拠です。

霊性高く、純粋な人ほど「4次元ループ」にハマってしまう⁉

4次元ループにハマる人たちは、霊性が高く、純粋です。霊性が高いので、闇からすれば、これ以上光を放ってほしくないし、次元上昇してほしくない。そして純粋なので、騙《だま》されやすい。なので、狙われやすくなります。ここで言っておきたいのは、霊性が高いから良い、えらい、純粋だから良い、えらい、わけではない、ということです。良し悪しはありません。ただの状況、ただの症状です。私も最初は、「あんなに霊性の高い人が……」とショックを受けたりもしていました。あんなに光を放っていたYouTuberさんたちがどんどん罠にハマっていくのを、とても残念に思いました。今でも残念ではありますが、それにいちいち反応しなくなりました。知り合いならほっとけばいいし、YouTubeなら、見なければいいだけです。わざわざジャッジするものでもありません。

では、ハマった人たちは、なぜハマってしまったのでしょうか？　一言で言うと、「人間性」です。もっと明確に言うと、「人間としての未熟さ」です。再度言いますが、それが悪いと言っているわけではありません。子供に「おまえは未熟だ！」と怒りますか？　怒りませんよね。経験値が低いだけのこと。むしろ、だからこそ、経験値を上げるために4次元にいる、ということだったりもします。

人間性が未熟、とはどういうことでしょう？　誤解を恐れずに、私の見解を書きます。

○人生経験が少ない

○自己肯定感が低い
○ゆえに、他人より勝っている、と思いたい
○他人を上に見る傾向
○静かにエゴが強い
○褒め言葉に弱い
○あなたは特別、に弱い
○あなたは選ばれた人、に弱い
○特別感がほしい
○私なんて、が思い癖

これらは極端だとしても、自己愛が低いと、外に答えを求めがちになります。そんな人が霊性が高いと、聞こえてくる甘いささやきを疑うことなく、信じてしまいます。自分のエゴにエサを与える言葉に、すがるようになります。気づ

けば、ぐるぐるループの餌食です。いや、気づければまだマシで、そのまま一生を終える人もいるでしょうね。ただしこういう性質の人が、全員ループにハマる、と言っているわけではありません。誰でも、少なからず、こういうところあるのではないでしょうか？　これは、ただの傾向、私が見た共通点です。あと、無自覚な人が多いです。自覚していれば、ハマりませんから。

「霊性」と「霊格」は別！　霊性が高くても未熟な人はいる‼

ここで大事な点を一つ。人間性と霊性は、比例しない、ということです。霊性が高いからと言って、人格者とは限りません。「霊性」と「霊格」は違います。霊性とは、ただのサイキック能力と思っていただければよいです。人は、霊性が高いと、どうしても、「すごい人」と思いがちです。でも、それはまったく関係がありません。霊性が高くても、人間としては未熟な人はもちろんいます。なんか波動が低くて暗いけど、すごいサイキッカーっていますよね？　どこからエネルギーを降ろしているかによって変わってくるのですが、どこと繋《つな》がるかは、人間性と関係してきます。

ただ、闇が悪いわけではないのです。闇は闇で、お役目があり、光のために働いているのです。だから、怖がることなく、闇も可愛いもんだと思って下さい。例えば、悪い宇宙人っているんですか？　って聞かれれば、あなたがどこにいるかで、答えは変わってきます。4次元にいれば、答えはYesだし、そこを超えていれば、答えはNoです。低級霊も同じですね。自分の光を強めていくと、幽霊だとかお化けだとか、怖い宇宙人なんて、見えなくなって、自分の世界からいなくなるんです。

スターシード、ライトワーカーの中に「闇担当者」「4次元担当者」が存在している!?

一つ大事なことをお伝えします。それは、スターシードやライトワーカーの中には、「4次元担当者がいる」、ということです。4次元で起きていることを広める担当の人たちです。それは、闇を広める悪いヤツラ、というわけではなく、目に見えているだけがすべてではない、ということを知ってもらうお役目の人たち、という意味です。ここを通る人たちの道しるべとなったり、意識の拡大に貢献する人たちです。この時点ではマトリックスを出ていないので、二極化はありますが、それもお役目です。彼らは、4次元ループにハマっているのではなく、そこが担当次元なので、ずっとそこにいます。担当が変われば、彼らもそこを抜ける場合があります。どういう設定できているのかは本人たちにしかわかりませんが、ただハマっているのか、あるいはこの次元の担当なのか、その見極めも大事ですね。

偽高次元にひっかかり、闇落ちしていく最強ヒーラーたち！

私は、「闇落ち」していく最強ヒーラーたちを多く見てきました。YouTuberさんであったり、親しくしていたスピ系の人たちだったり。その時は、「なんで？　あんなに霊性も高く、光を放ってた人が……」とがっかりし、残念でしかたがありませんでした。でも、時が経つにつれ、それも彼ら彼女らが通るべくして通っている道なのだと、思うようになりました。だけど同時に、その道は、遠回りだ、ともわかりました。遠回りしたい人はそれでもいい。この本は、どうせなら、遠回りせずに進みたい人のために書いています。

そもそも、闇落ちって、なんでしょう？　4次元ループと重なりますが、「闇落ち」とは、「偽高次元にひっかかってしまうこと」と、私は定義づけています。覚醒していく途中で、誰もが4次元を通ります。4次元には、闇が存在します。通る者は、自分の中の闇、世界の闇、宇宙の闇と対峙させられます。自分のいる世界が一度、反転するのです。それまで見えていなかったものが見え始め、現実と思っていたものが違ったと気づき、4次元で見ているものこそが真実と思うのです。だけど、実はそこは4次元の中にだけ存在する真実で、真の真実ではありません。偽高次元なのです。まだまだ二極化した世界です。意識は拡大していますが、眠りの意識です。簡単に言うと、「敵」がいる限り、そこはまだ二極化の世界です。その眠りの世界に落ちていく状態を「闇落ち」と呼びます。

闇落ちしていく人たちは、なぜ闇落ちするのでしょうか？　それは、人間性が未熟だからと前に書きましたが、最強ヒーラーの闇落ちは、「謙虚さが足りない」からだと、私は思っています。霊性が上がるにつれ、彼らは、「すごい」と言われ始める。その「すごい」を、エゴに与えれば、傲慢《ごうまん》となり、自分に与えれば、自信となる。自信というのは、内からみなぎるものであり、外から与えられるものではありません。つまり、他と比較して「私は人よりすごい」と思い始めたら、要注意です。人がいようといまいと、人に何を言われようと何も言われまいと、そこにあるのが、自信です。「(人よりすごい、ではなく) 私は、すごい」と思うのが、自信。この自信から産まれるのが、謙虚さです。自信があるからこそ、謙虚でいられるのです。だから、「謙虚さ」を失ってしまうと、闇落ちしてしまうのです。どんなに進化しても、どんなに次元上昇しても、謙虚さは忘れないでおきたいですね。

そこに敵はいるか？　恐怖が生み出す「偽高次元」に騙されるな！

イラストの中にピラミッドがあるのが見えるでしょうか？　このピラミッドは、4次元の中に存在していて、陰謀論者はこのピラミッドをとても怖がります。この小さなピラミッドの中に、私たちが存在していると言います。でもね、それは意識の問題であり、実際には、存在していません。マトリックスと同じで、「怖い」と思えば怖いし、「別に」と思えば別に、なのです。

彼らは、このピラミッドが象徴する「コントロールから解放されなくてはいけない」と言います。それはそ

れであるでしょう。でも、私たちはもともと、もっともっと大きな存在です。「真の高次元」は、イラストの中の一番上にあります。ピラミッドからは、こんなにも離れているのです。この小さなピラミッドの中にあなたの意識を閉じ込めることなど、無理なのです。ピラミッドを創り出した意識で創り出せるのは、同じ大きさの高次元だけです。それが「偽高次元」です。偽高次元は、真の高次元に比べたら、あまりにも小さく、エネルギーで言えば、ピラミッドを反転させただけで、まだまだ二極化の中にあります。だから、仮の姿なのです。恐怖が産み出した高次元など、その程度なのです。4次元意識にいては、それより上の次元が見えないので、真の高次元は見えません。日常生活の

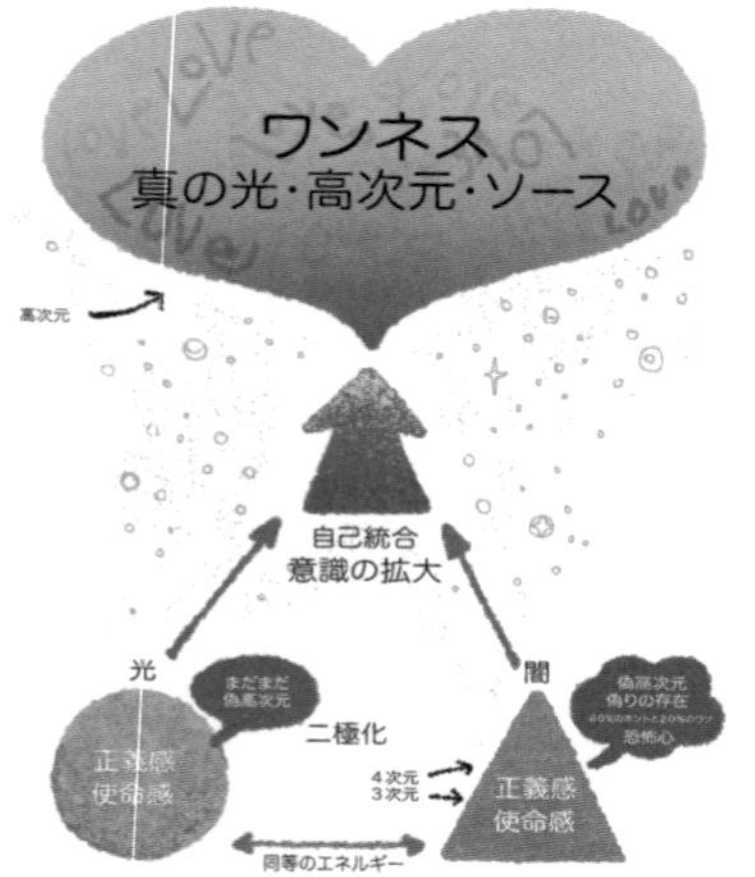

中でも、様々な問題に直面することがありますよね。でも、その問題を創り出した次元の意識で、解決策を見つけるのは難しい。もっと上の次元から見た時に初めて、解決策が見えたりするものです。倒さなければいけない「敵」がいるなら、そこは高次元ではありません。偽高次元には惑わされないよう、気を付けて下さい。みなさんの意識の次元をどんどん上げて、真の高次元と繋がりましょう。

宇宙に良し悪しはない！被害者意識と加害者意識の創造ほど無意味なものはない!!

人に対して「謝れ！」って思ったこと、ありませんか？　きっとあなたの気に食わないこと、あなたにとって「間違っている」と感じることをされたのでしょう。人間ですから、その気持ちはわかります。だけど、謝罪されて満たされるのは、エゴだけです。あなたの本質が謝ってほしいと思っているのではなく、あなたのエゴがそう思っているのです。「悪いことしたんだから、謝るのは当たり前だろ！」と思うでしょうね。でも、「間違い」と判断したのはあなたであり、あなたのエゴです。相手は、間違っているとは思っていないかもしれません。良し悪しはどうでもいいのです。なのに、なぜ、「謝ってほしい」と思うのでしょうか。それは、エゴには「被害者意識」というものが存在するからです。あなたに被害者意識がなければ、謝ってほしいとは思わないものです。被害者意識の波動を大きく放っている人には、当然宇宙はそれに見合った状況を提供します。宇宙に良し悪しはないので、その人の放っている波動と同じものを与えるだけです。実にシンプルです。

芸能人の謝罪会見ほど無意味なものはないと感じます。「迷惑をかけて申し訳ございません」「お騒がせして申し訳ございません」。でも、被害者意識のない者には、迷惑をかけられたという発想すら起きません。だけど、「謝れ！

間違いを認めろ！」と騒ぐ人はいます。そう豪語するのは、自分を被害者だと位置づけている人たちです。無意識かもしれません。だけど、被害者意識を持っている以上、その波動に見合ったことが起きます。被害者意識と加害者意識は、エネルギー的には同等です。被害者意識があるから、加害者が用意されるのです。つまり、被害者意識が加害者を創造するのです。逆を言えば、あなたの中の被害者意識がなくなれば、被害そのものがなくなります。「被害者、加害者」という枠を統合して、手放していきましょう。

エネルギーは注いだものを増殖させる！ だから正義感が戦争を引き起こしている!?

戦争反対！　と叫ぶエネルギーと、世界平和を願うエネルギーは、一見同じものを目指しているように見えて、実は正反対です。戦争反対！　と叫べば、戦争を増殖させ、平和を願えば平和が増殖します。エネルギーとは注いだものを増殖させるからです。そもそも、戦争を引き起こすものとは、なんでしょう？　それは、「正義感」です。自分の考えが正しい、みなが従うべき、というエゴです。こう言うと、「戦争なんてしない方がいいに決まってるでしょ！」と言われそうですね。もちろんそうです。でも、双方がそれぞれの正義感を振りかざしているから、戦いが産まれるのです。戦争はビジネスと言う人もいるし、人減らしと言う人もいます。それも、どうでもいいです。

ではなぜ戦争が存在するのか？　こんなこと言うと、怒られそうですが、戦争自体が体験なのです。魂が体験をしたくて、やっているだけなのです。そんな体験したい人なんているの？　と思うでしょうね。でもね、いるのです。あなたが戦争を経験したことがないのに、「わかる」のはなぜだと思いますか？あなた自身が過去世で、戦争を経験しているからです。どの魂も経験をします。

体験することを選択している、と言った方が正解ですね。だから、戦争と聞いて、あなたが一喜一憂する必要はないのです。あなたの正義感を振りかざすのは、逆効果。もし、「戦争はいけない！」と強く感じた時は、あなたの中の「正義感」を、見直す時です。二極化を産み出していませんか？　悪者を創り出していませんか？　敵味方、作っていませんか？

私たちにできる最善は、自分に集中して、自分の身の回りにフォーカスすること。あなたがいる世界を、あなたの願う最善にすること。それしかないし、それしかできません。それがいかに、地球を変容させるだけの影響力とパワーがあるかを、知ってほしいのです。答えは、けっして外にはない。あなたの内にしか存在しないのです。

戦争に反対するな!?
4次元意識へエネルギーを注げば注ぐほど増殖してしまう!!

「戦争は悪いからやめろ！　と叫ぶ」「やられている（ように見えている）国に支援をする」。これらのことって、悪いことではけっしてありませんが、エネルギー的に、戦争に加担していることになるって、わかりますか？　一つの症状としては、戦争が長引きます。戦争は勝ち負けでもあるからです。超3次元や超4次元意識内の行為です。勝負がつかない限り、長引きます。戦争の巻き添えを食っている多くの人たちは、「勝ちたい」なんてもう思っていません。「早く終わってほしい」と思っています。でも、武器やらお金やらを与えることで、決着をつきにくくしているのです。「敵、味方を作る」「勝ち負けにこだわる」。これが4次元意識、眠りの意識です。宇宙に「戦争、戦争」のエネルギーを発しているのです。4次元にエネルギーを注ぎ込んでいる限り、戦争はあなたの世界からはなくなりません。誰かを「かわいそう」と思った時、あなたはあなたの世界に、「かわいそうな人」を創り出します。そして、その人たちから、エネルギーを奪っているのです。支援をするな、と言っているわけではありません。支援をするのであれば、そこから、「戦争」の文字を消して下さい。「自分の幸せエネルギーをシェア」（お金もエネルギーです）。これだけで、あなたの意識は、5次元意識へと拡大します。

もっと身近な例え話をします。車の窓からタバコの吸い殻がポイ捨てされるのを見かけたとします。「ああ～そんなことしちゃいけないんだよ！」と思いますよね。常識のある人であれば、そう思うのが普通でしょう。でもね、そう思った時に発せられるエネルギーは、ポイ捨てされたタバコよりも地球を汚している、って知っていますか？ 良し悪しをつけるのは4次元意識です。わかりますよ！　わが家の前でタバコの吸い殻を大量に捨てられたら、怒りたくもなります！　掃除する身にもなってよ！　って思いますよね。わかります！　私も、他人が捨てたタバコが腕に当たって火傷を負ったことがあります。アツイ！　なんてもんじゃないですよね。あれが子供の顔に当たったらと思うと、ゾッとします。でもね、怒ったところで、なにも変わらないのです。変わらないどころか、そこにエネルギーを注ぎ込んでいるから、増殖します。タバコのポイ捨てはいけない！　と言ったところで、宇宙に聞こえるのは「タバコのポイ捨て」です。「では、タバコのポイ捨てをもっと与えてあげましょう」と言って、あなたの願いを叶えてくれるのが宇宙です。

ではどうやって5次元意識に持っていくか。ポイ捨てしたその人に、（それが知らない人であっても）愛のエネルギーを送ることです。基本的に、タバコのポイ捨ては、愛の足りない人がやります。何度も言いますが、それが悪いことではありません。その人の進化の過程です。傍迷惑《はた》な行為を「我慢しろ」、と言っているわけではありません。ひとしきり怒ったら（相手に注意してもいい）、「タバコのポイ捨て」にエネルギーを注ぐのをやめて、そのエネルギーを、愛のエネルギーに転換させせましょう。愛のエネルギーとは、許しだったり、その人の幸せを願う気持ちです。そもそも、そういうことをする人は、愛を求めて、無意識に、愛のあるところにやってくるんです。だから、「愛を求めて私のところにやってきたのね～」「私に愛がある証拠なのね～」とでも思って下さい。そしてもう一歩、相手の幸せを願う。そうすると、あなたの現実が変わるのです。必ず変わります！　それが5次元意識だからです。現実創造は5次元意識より高い次元で行われます。問題を創り出した次元、3次元や4次元意識から、解決は産まれません。

次元上昇とは、すべての次元を含めて行くことです。違う次元に行くことではありません。意識が拡大することなので、3次元の意識も4次元の意識も、そして高次元意識もあなたの中に存在している、それが次元上昇です。

闇と戦うと、あなたが闇になっちゃうよ、というお話

闇と戦う！　という意識は、闇にアクセスする、ということを意味します。

「深淵を覗く時、深淵もまたこちらを覗いている」とは、ドイツの哲学者ニーチェの言葉。闇と戦うと言って、やたらと闇意識にアクセスすると、あなたの中の闇もアクセスされ、増殖します。それはあなたが望んでいることですか？

ニーチェはこうも言っています。

「怪物と戦う者は、その過程で自分自身も怪物になることのないように気を付けなくてはならない」

闇が闇が～闇に光を当てるのよ～！　と言っている人ほど、波動が低いと思

ったことありませんか？

そりゃそうですよね。一日中、闇と向き合っていれば、同調してしまうのは当たり前です。誰の中にも、闇と光は存在します。

外に存在する闇と「戦う」より、あなたの中の闇と光の「統合」にフォーカスした方が、光は増殖し、あなたのその波動が世界に広まります。

答えは外には存在しません。あなたの中にだけ存在しているのです。

統合とは、すべてを良しとし、愛すること。ジャッジしないこと。良いも悪いもないのです。

自分の中の闇と光を統合する陰陽統合は、自己統合に必要不可欠であり、自己統合なしで、アセンションはできません。

自分が闇と化してしまったと気づいた人も、大丈夫。外ではなく、自分の内の闇と向き合えば良いだけです。

闇は、自分の中の闇、そして光に気づかせてくれます。

そもそも闇とは、光から産まれているからです。本質は光なのです。

自己統合が完了した時、見えてくるものがあります。

それは「高次元意識で見た時、闇など存在しない」ということです。

ドイツの哲学者フリードリヒ・ニーチェ（１８４４年～１９００年）の『善悪の彼岸』１４６節。

"Beware that, when fighting monsters, you yourself do not become a monster … for when you gaze long into the abyss, the abyss gazes also into you."

「怪物と戦う者は、その過程で自分自身も怪物になることのないように気を付けなくてはならない。深淵をのぞく時、深淵もまたこちらをのぞいているのだ」

Chapter 2

次元上昇

スターシードは
人類でなく地球を救うために
やって来ている!!

「スターシードをやります!」と決めてサインした人々

スターシードとは、アセンデッドマスターのアシュタールと、スターシードの契約を交わした魂たちのことを言います。そう、ただの、契約なんです。「宇宙由来の魂」をスターシードと呼ぶ人もいますが、私たちのほとんどが宇宙由来の魂なので、それだけではわかりづらいですよね。「宇宙由来」というのは、「地球に来る前に他の惑星でたくさん転生してきた」という意味ですが、そもそも地球に産まれてこられるって、ある程度の経験値を持った魂なので、ほぼ全員、宇宙由来の魂です。中には地球産まれの魂もいると聞きますが、数的には少ないらしいので、ほぼ全員が宇宙由来の魂と言えるでしょう。特にスターシードたちは何度も転生しているオールドソールなので、宇宙の記憶や叡智を地球に持ち込んでいる人たちが多いです。

スターシードの契約とは、どのような契約なのか。簡単に言うと、「地球がアセンションへ向かう時期に（今ですね）、人類をアセンションへ導くというお役目をやります！」という契約です。「スターシードというのをやります！」「はい、はい、ではここにサインを」という形で、自分で志願してきた者たちのことを言います。別に、だからえらいとか、他の人より優れているとか、そういうことではなく、ただの物好きです。わざわざめんどくさいことやりますって、自分で志願しちゃったのですから。

人類をアセンションに導くやり方は人それぞれです。自分が覚醒していた方が、他の人を導きやすいので、まずは先に覚醒する人は多いです。この覚醒のタイミングのことを、「星の種がはじける」という言い方をします。スターシードであっても、まずは人間を体験しに地球にやってきたわけですから、人間を思いっきりやりながら導く人も大勢います。星の種がはじけるまでは、普通の人です。今世ではじけなければ、来世ではじけるかもしれない。それぞれのタイミングです。一度はじけると、自分のことより地球のため、人類のために、が生きる目的となります。自分の幸せを犠牲にして、という意味ではありません。自分はもう十分幸せで、自分の向上に関しては、もうやることはやったかな、という気持ちになります。ここからの人生、地球のために生きていこう、そんな風に感じる人も多いと思います。

「スターシードだけどミッションを放棄することはできるのか？」というご質問をいただきます。私たちには、自由意志というものがあり、それが優先されますので、放棄することはもちろんできます。ただ、本気で放棄したいと思うスターシードはあまりいないと思います。それがもともとの目的で地球に来ていますから、突き動かされるというか、導かれていきますので。とはいえ、人間に産まれたことを楽しむのが一番の目的ですから、自分が楽しいと思える生き方が一番です。スターシードであろうがなかろうが、自分が今ここで、幸せだと思える生き方をしましょう。

私の『アシュタールと私〜あるスターシードの覚醒』は、初心者向けスターシードのような本になっていますので、よかったら読んでみて下さいね。

光の強い人ほど「自◯願望」というサイキックアタックを受ける!?

とてもセンシティブなお話をします。海外のサイキッカーたちもタブーを破って語りだしている内容です。それは、「スピ系の人には、自殺願望のある人が多い」という事実です。もちろん全員ではありませんし、いつもというわけではありませんし、自殺願望がなければスピではない、という話ではありません。

人類が目醒めていく過程で、それをサポートする力もあれば、邪魔する力もあります。それは、まだ二極化の中の地球では当たり前のことで、悪いわけではありません。目醒める人たちが増えれば増えるほど、邪魔するエネルギーも強くなります。これも当たり前。まだ目醒めきっていない人たちに対して、邪魔をしようというエネルギーが、強くなっています。本当に力のある人に目を醒まされては困るからです。そういう人たちのもとに、自殺を促すエネルギーが送られます。これはサイキックアタックの一種です。誰が（どんなエンティティが）送ってきているのか、ということには、フォーカスしません。「敵」を創り出すからです。誰だっていいのです。それは相手の問題であって、あなたの問題ではありません。自分に集中しましょう。

話を戻して、アタックされると、意味もなく鬱《うつ》っぽくなり、たいした理由もないのに、死にたくなります。なにかを苦にして、ではなく、ただなんとなく死にたくなる。もちろんその感情に、思考やエゴは、あれがあったからだ、これが苦しいからだと、理由を付けたがります。ですが、そこで一歩下がって俯《ふ》瞰《かん》すると、そこまでの理由ではないかもしれない……と自分でもわかったりします。これを読んでいる方の中には、そういう瞬間を経験されたことのある方、いるのではないでしょうか？

目醒めていく中で、鬱になる人は多いです。目醒めというと、すべてがハッピー、すべてがバラ色なんじゃないの？　と思っている人も多いと思います。だから、自分が鬱っぽいと、自分が悪いんじゃないか、こんなのスピじゃないから人に言えない、そう感じる方もいるのではないでしょうか？　でも、いらない重い思考や波動を外して（統合して）いくのですから、その過程は、楽しいことだけではありません。むしろ苦しいこと、辛いことの方が多いです。スピを多少知っている人ならまだしも、まったくわからない人に目醒めが起きた時（もちろんスピではない人にも目醒めは起きます）、なにが起きているのかわからず、迷子になって不安になって、そこに自殺のエネルギーが入り込み、設定外の自殺をする人がいます。

もしあなたが、なんとなく死にたい、と感じた時、まずは、「これはサイキックアタックかもしれない」と思って下さい。この時、どこから来てるのか？と考える必要もないし、送ってくる相手に対しても、送られている自分に対しても、責める必要はありません。気づくだけで充分です。

そして、その場、その時を、ただただ、やり過ごして下さい。そのエネルギーに反発するでもなく、受け入れるでもなく、ただ、やり過ごすだけです。私はドラマを見たり（ニュースは見ないのですが、ドラマなどは思考が停止するので好きです）、本を読んだり、散歩したり、音楽を聴いたり、そのエネルギー（死にたいという思い）を一時的にでも無視します。もしその願望になんらかの意味付けをしているなら、それも「本当にそう思ってる？」と疑ってみて下さい。そうするといつの間にか、自分のシステムから消えています。自分なりに「流す術」を身に付けるのです。これを繰り返すうちに、死にたいという思いは薄れていき、いつの間にか、感じる回数も減っていきます。もちろん本当の精神的なものの可能性も無視しないで下さいね。

私が体験した自○願望と次元上昇の関係性を話します!

私事ですが、子供が最近、ニコラ・テスラの369の法則についてや、「ピラミッドは教科書に書いてあるような方法で作られたわけがない!」とか、「学校の教育システムはおかしい!」とか、目に見えない領域、宇宙についての話をするようになってきました。以前は、「目に見えないものは信じない!」なんて豪語していた子供が、です(笑)。もちろん私は子供の意見に反対するようなことを一度も言ったことはないし、子供のペースで、子供なりの進化をとげるだろうと信じていたので、見守っていました。それがある日突然、子供が意識の広がりを見せ始めました。そして同時に、鬱傾向も見せ始めました。自殺願望も出てきました。理由はわからないそうです。わかっているけど、親には話さないだけかもしれません。学校の先生や医者を巻き込んで、通常のカウンセリング、自殺防止相談所への問い合わせ、精神科での受診、発達障害の可能性、その他様々な可能性や治療法（治療が本当に必要なのかの有無も含め）を検討し、試しました。でも、正直言って、うちの子供には逆効果でした。

もちろん親にとっても役立つ情報はたくさんありましたので、今存在している3次元的サポートに助けを求めてよかったと思っています。それらを試したからこそ、私は確信することができたんです。うちの子はインディゴ・チルドレンで、目醒めに向かっている、と。私自身インディゴで、けっこうキツイ幼少期でした。遺伝するわけではありませんが、スターチルドレンが以前より増えているのは確かです。彼らは、今のシステムには合いません。合わないと思いながらも大人しくタイミングを待っている子もいれば、とにかく破壊してやれ！　となる子もいます。新しく再生することだけを使命としている子もいます。事前になにを設定してきているかは、その子それぞれです。対応策もそれぞれです。うちの子は、少量ですが、抗鬱剤を服用しています。まずは生きていることが先決だと思ったからです。それが今の最善だという本人の希望もあり、親もその気持ちを尊重しました。私は薬嫌いですが、現代医学を否定していませんし、子供には子供なりの考えがあると思っているからです。とはいえ子供ですから、親がきちんと監視しながら、お陰様で、これから量を減らしていけそうです。

良し悪しで判断するのではなく、その人にとっての最善を選択していくのが、これからの地球です。すべては融合、統合されていきます。あなたの身の回りでも統合が起き始めているはずです。

私が指針としている言葉があります。

"This too shall pass."「すべてのものは過ぎ去る」「唯一の不変は変化だ」と似ていますね。
辛いことも楽しいことも、すべて同等に過ぎ去ります。すべてが経験です。今あなたが感じているその感情も、いつかは過ぎ去るのです。それが辛さだろうが嬉しさだろうが、消えないものはないのです。だからこそ、今を大事に生きていこうって思うんです。どのみち、「今」しか存在していないのですから。

自○願望と人類嫌いなスターシードたち

スターシードの自殺願望は、「人類嫌い」から来ている、と私は思っています。スターシードがみな人類嫌いだとはけっして言いませんが、意外と多いと私は思っています。私も、「人」は好きですが、「人類」はハッキリ言って、嫌いです（笑）。人類が地球を汚していると思っているし、人類なんて滅亡した方がよっぽど地球のためになる、と思うこともあります。実は子供の頃からそう思っていましたが、そんなこと言ったら危険人物と認定されるので、口にしたことはなかったのですが、この感情は、スターシードあるあるなんだと、知りました。なぜなら、スターシードは、別に人類を救うためにやってきたのではなく、地球のためにやってきたからです。だから、地球のアセンションの邪魔をする人類が好きでないのは、当たり前なのではないでしょうか。殺し合いはするわ、嫉妬《しっと》心に狂うわ、正義感かざして戦争を起こすわ、ゴミは出すわ、枠だらけで人をジャッジしまくるわ、えらそうに説教するわ、動物は殺して食うわ、自然を破壊するわ、ろくでもない生き物です（笑）。自分に直接関係ないのに、戦争や凶悪事件を見たり聞いたりすると、「ああ〜死にたい」と思うことありませんか？　あれは、「人」の部分とは別に、「人類」の一部である自分が嫌い、自分の中の「人類」という部分が嫌い、命の軽さも魂部分ではわかっている、死など存在しないこともわかっている、だから救いようのない「人類」ってやつをやっているのがイヤになる時があって、「死んじまえ~光に帰ってやる~」となるのではないか、と思うのです。とは言え、自分の「人類」の部分が「イヤイヤ」やってても、「人」の部分は「生きる」ことをあきらめてはいない。魂は死なないことを知ってるけど、身体は死ぬし、人間としての命は尊いけど、魂的には軽い。ただの経験だけど、それだけではない。こうやって人である自分と、人類である自分と魂がそれぞれ別々のことを言ってせめぎ合うから、頭の中はカオスになるし、感情はモヤモヤするのです。

先日、知り合いのお子さんが大勢通う大学で、乱射事件がありました。大勢の尊い若い命が奪われ、犯人は自殺しました。殺人は設定内、犯人と被害者も「殺し殺される経験をする、大事な人を殺人で失う経験をする」という契約のもと来ているわけだけど、それでも志半ばで命を奪われた人の遺族のことを思うと、こんなことあってはならない！　と思うし、死ぬなら勝手に一人で死ねよ！　って思うし、銃社会で富を得ているNRA（全米ライフル協会）のやつらは全員処刑されればいい！　と思うし、怒りと、憤りが爆発するし、結局なにもできないという無力感に襲われるし、創造主である自分に「まだそんな世界を創造しているの?!」と絶望したりもします。そういう時は、ああ〜人間なんてやってられっか！　って思います。

でも今、こうやってああだこうだ言いながら、バラバラになっているものを、統合していく時期だと思います。人としての部分も、人類としての部分も、魂の部分も、すべてが統合されていく。そんな感覚です。もちろん「いや！　命は尊いのだ！　命は重いし、絶対粗末にしてはいけないんだよ！」にフォーカスしてもいいし、「命は尊いけど、身体はなくなっても、本当は死なんてないんだよ！　悲しむ必要なんてないんだよ！」と思ってもいいと思うのです。どっちでもいいし、どっちもいい。全部ひっくるめていい。人間とはそもそも矛

盾した生き物なのです。（矛盾も本当は矛盾ではないんだけどね）

地球は人類の成長に関係なく、勝手にアセンションします。人類が足をひっぱることは多少あっても、要は、人類が地球の上昇についていけるのか、ということなのです。地球のアセンションの邪魔をしないよう、人類が波動を上げていかないといけなくて、だから結果的に、人類の波動を上げるために貢献をさせられているのが、スターシードたちなのです。めんどくさいですね〜（笑）

身体を持つことでしか味わえない「死」は、永遠のテーマであり、様々な方法で、死を学びます。そして死とは終わりでもゴールでもなく、地球卒業という一時の休憩をはさみ、そこから再スタートするのだと思います。

人の命は、思っているより重くない!?

私たちの中には、「自殺」を設定してくる魂があります。一つの経験だからです。どの魂も、一度は自殺を経験しますし、殺人も、戦争も、すべての役割を地球上で経験します。ただその中で、設定外の自殺をしてしまう魂が稀にあります（とはいえ、設定外の自殺をしてしまった魂でも、「はいはい、やり直しね～」と、次の人生で今世と同じ学びを再度させられるだけですが。中には縄文時代からやり直しさせられる場合もあるとか。私はそんなのはごめんです（笑））。こういうことを言うと、ひどいとか、冷たいとか言われそうですが、「自殺をした人はかわいそう」だとか、「自殺は悪い」というのは、3次元的な枠です。「自殺」も「経験」なのです。そもそも、誰かをかわいそうと思うって、なんて傲慢なのでしょう。この世でかわいそうな人などいないのです。誰かをかわいそうと思った瞬間に、相手のエネルギーを奪います。相手をかわいそうな存在にしてしまうからです。誰もが同等に素晴らしく、自分に課した学びを遂行しているだけです。そんなことを考えていた時に、高次元からメッセージが来ました。それは、「人の命は、思っているほど、重くはない」でした。びっくりですよね。命の重さを必死で訴えている私たちなのに、命はそんなに重くはないよって、言っちゃってるんですから。

これはけっして、自殺したっていいんだよ〜とか、命なんて粗末にしていいんだよ〜という話ではなく、むしろ逆です。「命の重み」を本当に知った人にのみ、知ったからこそ、その先に出現する真実なのです。これを目にしているということは、あなたは、命の尊さを知っている人です。

「人の命は、思っているほど、重くはない」

何度も言いますが、自殺や人の命を奪うことを推奨しているわけではけっしてないので、誤解のないようにお願いします。むしろ、私は、設定外の自殺をする人を一人でも防ぎたいと思って、これを書いています。もしあなたが自殺願望で悩まされていたとして、このお話で少しは気持ちが楽になれたなら、嬉しいです。そして大事な人を自殺で失ったのなら、その人の魂は、大事な経験をして経験値を上げたのだと、思ってあげて下さい。人は様々な経緯で死にますが、誰もが「寿命」でしか亡くならないのです。

アンチコメントをエネルギー的に説くと

この世のすべては、エネルギーで出来ています。アンチコメントって、「言われた人」とはまったく関係なく、「言った人」のエネルギーです。「私はこんな人ですよ〜」と宇宙に向かって大〜きく発したエネルギーです。コメントの内容とも、実はなんの関係もなく、コメントに乗せたエネルギーなのです。

宇宙の法則は、出したエネルギーは帰ってくる、というものなので、宇宙は、「おお~そうかそうか、ではもっとそれを与えてあげよう」と言って、アンチコメントに乗っているであろう寂しさや、憎しみや、嫉妬心など、その人が発信したエネルギーを、何倍にもして帰します。感情に重い軽いはあっても、良し悪しはないので、宇宙はそこをジャッジせず、そのまま帰します。こうやって発せられたエネルギーは、発信元に必ず帰っていきます。アンチコメントを読んだ時は、グサっと来ても、日に日に、慣れてくるというか、初めてそのコメントを読んだ時ほどは傷つかない感、ありませんか？　それは、コメントに乗って来たエネルギーが、お帰りになっている証拠なのです。

アンチコメントはすぐ削除する、という手もありますが、エネルギーが発信元に帰っていくのを防ぐわけですから、なんとお優しい行為なのでしょう。発信元に帰ってほしければ、しばらくほっとくと良いでしょう。

逆に、そのエネルギーをもろに受け入れちゃうと、言われた方がダメージを食らいますね。そんな時は、この「エネルギーは発信元に帰っていく法則」を思い出し、言われた方は、自分には関係ない、と思って下さい。実際、なんの関係もないのですから。たまたまなのです。

グラウンディングとプロテクションを常に強化しておくといいですね。そうすれば言われなくなる、というわけではなく、言われても平気、になりますから。アンチコメントを書く側の人なら、倍になって帰ってきてほしくないエネルギーは、発しない方が自分のためです。どうしても言いたいことがある時は、枕にでも顔をうずめて叫んで、地球にあげて下さい。器の大きい地球は、そのエネルギーを浄化して帰してくれます。

「この世を正す、地球の波動を上げる」スターシードには凶悪犯もいる!?

みなさんもご存じのように、スターシードたち（中でも特にインディゴ）は、「この世を正す、地球の波動を上げる」ために送られてきます。多少の違いはありますが、基本的に、破壊と再生を目的としています。ただ、その「やり方」に関しては、それぞれのスターシードに任されています。どういう方法でミッションを遂行するのか、これもある意味、テストなのですが、魂のレベルがまだ低かったり、人間性が未熟であると、3次元的に「間違った」やり方で、そのミッションを遂行してしまう場合があります。そして、それが、3次元的に、とても残酷な事件に繋がってしまう場合があるのです。みなさんもご存じの、犠牲者が多く出た大事件や、未成年者による残忍な事件。彼らの中には、この世の不条理に腹を立て、この世のため、地球のためにと本気で思い、なんとかしたいという正義感に燃え滾《たぎ》り、でも自分の無力さに打ちのめされ、一つの方法しか思いつかなくなってしまったスターシードたちがいるのです。ある意味、仲間です。残念ながら、このように「闇落ち」してしまうスターシードたちが、少なからずいます。

もちろん中には、それ自体がすでに設定だった場合もありますし、3次元的に「事件」になってしまった出来事でも、それの与える影響によって、多くの人が目醒め、結果、地球の浄化や人類の次元上昇に繋がる場合も多く、それはそれで、ミッション・コンプリートとなります。

だから凶悪犯も許しましょう、と言っているわけではけっしてありません。被害者やその遺族の苦しみや悲しみを軽んじているわけでもありません。アセンションしたと言っている私でも、人間の（3次元の）私は、事件や事故には心を痛めます。3次元での経験は、我々が感じるべき体験であり感情です。ただ、もっと上の次元からの視点は、ちょっと違うのです。どっちが良い悪いではなく、そういう視点も存在し、あなたの波動が上がり、次元上昇を繰り返す中で起こる意識の拡大に伴い、そういう視点が増えてくるのは、ごくごく自然なことです。これも何度も言いますが、覚醒していくって、次元を「移動」していくことではなく、「含めて」いくことです。つまり、どんなに次元が上がっていっても、常に3次元は自分の中に存在します。自分の中の次元が増えていき、次元間を行き来できるようになるのが、覚醒です。

スターシードに話を戻しますが、スターシードは契約です。事件被害者たちの中にも、もちろんスターシードたちはいます。どういう契約をしてきたかは、その人にしかわからないことです。もっと拡大した意識で物事を見ると、今まで見えなかった側面が見えてきて、それ自体が意識の拡大に繋がることもあります。ゼロポイント、ノージャッジメントの位置からしか見えないものが、あるのです。

「嫉妬心」を軽い波動に変換する方法

嫉妬する人は自己肯定感が低いとよく言われますが、私は逆だと思っています。「私なんて」とか「どうせ私は」と思っている人は、そもそも嫉妬しません。嫉妬心って、「私がそこにいてもいいはずなのに」や「私だってそれを体験してもいいはずなのに」という思いです。自己肯定感が低い人は、そんなこと思いません。「私なんて、こういう目にあって当然」と思っているわけですから、その状況に対して、ヤキモチなんて焼かないのです。つまり、嫉妬心が出るって、自分への愛情があるからなんです。だから、嫉妬心で苦しんでいる人がいるなら、その嫉妬心を肯定してあげて下さい。ある方の言葉を借りるなら、感情って、自分が創り出した子供たちのようなもので、どの子も可愛いんです。デキの悪い子も、優秀な子も、みんな可愛い。デキの悪い子の方が可愛かったりもして?

更に見ていくと、例えば、良いことが起きた友人に嫉妬したとします。そこには、「私にもそういう良いことが起きてもいいはず」という思いが嫉妬として出ています。それは、そういう良いことが起きるポテンシャルが自分にもある、と思っているということです。それを受け入れることです。100%受け入れられた時、それが起きます。同じことが起きるというよりは、それに相当するエネルギーのことが起きる、ということです。だから安心して下さい。嫉妬してしまった自分を責めるのではなく、私ってこんなにも自分のことが好きなのね、私って自分にも良いことが起きるはずだと思っているのね、と捉えて下さい。そうすると、必ず、それが起きます。自分の出したものが帰ってくるのが宇宙の法則だからです。

因みに、嫉妬しない人が全員、自己肯定感が低いかというと、もちろんそうではありません。自己肯定感が高いからこそ嫉妬しない人もいます。「自分にもそれを受け取る価値がある」と心底思っている人は、嫉妬しません。そして、「受け取る価値がない」と思っている人も嫉妬しません。私はよく、上と下、3次元と5次元の答えは一緒だと言いますが、この場合も答えは同じなのです。でも、根本的なエネルギーが違う。重すぎても嫉妬しないし、軽すぎても（軽すぎるということはないのですが〈笑〉）嫉妬しないのです。表面だけ見ていては、本質はわかりません。エネルギーを読みましょう。

眠りの意識から抜けた安倍晋三元首相銃撃事件の見方

２０２２年（令和４年）７月８日に起きた、安倍晋三元首相銃撃事件を、日本人としてどう捉えるのか、国民のみなさんはどう思っているのか、様々な気持ちをどう整理するのか、普段アクセスしない集合意識に寄り添いながら、考えました。そんな中で受け取ったメッセージを、シェアします。みんな、色々思うところはあるでしょうし、人によって意見も様々でしょうが、一つだけ思い出していただきたいのが、やはり、これは、壮大な地球のアセンション計画の一つなのだ、ということです。良いことでも悪いことでもなく、より良い地球に向かうための大事なプロセスなのです。

我々は創造主です。自分の世界を自分で創り出しているのは、これを読んでいる方ならすでにおわかりだと思います。では具体的にどういうことかと言うと、例えばこの事件でSPの動きが話題になっていました。当初、「一発目で安倍さんを守ろうとしなかった」「犯人を取り押さえようとしなかった」などの見解が多く目に止まりました。でも、「本当にそうなのか？」という思いが浮かんだ瞬間、「SPが盾となって安倍さんを守ろうとしている動画を見ました」というコメントが現れ始めました。このように相反するものが現れた時、真実を追求するより、自分の世界にどっちを存在させるのか？　を自分で決められるということです。そしてそれが真実となるのです。そもそも「真実」というものは存在しません。自分が自分の世界に存在させるものが真実となるのです。

ポジティブなこと、ネガティブなこと、と分類するのは人間の思考です。しかも、ポジティブな出来事と思っていたことが実はネガティブだったり、ネガティブな出来事と思っていたことが実はポジティブな結果をもたらしたり、ということはよくあります。そういう反転を繰り返しながら次元上昇し、４次元を抜けていくのです。抜けた時、あなたはわかるはずです。高次元には、どちらも存在しない、ということを。

こういうことを言うと、じゃなんでこんなひどい事件が自分の世界に存在するのだ！　そんなこと望んでいない！　と思われることでしょう。私もそう思います。でも、あらがえない設定というものがあるのです。どんなに意識では「絶対にあってはならない！」と思う出来事でも、大きな地球レベルの脚本の中に、すでに書き込まれている出来事は、変更不可能なのです。それらの出来事は、人類の進化のためには必要不可欠であり、私たちは、そこから何を学び、何を選び取り、どう生きていくのか、を決め、行動していくだけなのです。だから、どんなことも他人事ではなく、多かれ少なかれ、自分に関係していることなのです。どんな人も、「人類」という壮大なプロジェクトの一部だからです。

この事件が、そしてどんな事件も、3次元の生活に（経済的に）影響の出る人もいるでしょうし、メンタル的にまったくなんの影響も受けない人もいれば、今後の日本の行く末が心配になる方もいるでしょう。その感情も受け入れつつ、それと同時に、「地球は大丈夫」という俯瞰力も、ふとした時に思い出して下さい。

そしてこれが腑に落ちている方々は、その波動を自分の周りに広めて下さいね。意見ではなく、波動を。

最後に、このアセンション計画に名乗りを上げてくれた崇高な魂たちに（安倍さんも犯人も警備の方々も、これに関わったすべての魂たちに)、敬意を払うとともに、お疲れ様です、と言いたいと思います。人としての安倍晋三さんのご冥福をお祈り致します。

コロナ妖精ちゃんには意思がある、というお話

あくまで、私個人の体験と感想です。

「抗体ほしいな〜」なんて思っていたら、コロナ妖精ちゃんがやってきました。高熱が出るわけでもなく、喉が痛くなるわけでもなく、でも何かが確実に身体の中を通っていく感覚。それは、風邪菌とはまったく違うもので、どっちでもよかったけど、試しに検査したら、妖精ちゃんでした。因みに、私はワクチンを打っていません。打ってても変わらなかったと思います。

風邪菌がAからBへ、一本の線上を進んでいるとしましょう。風邪菌は途中で（薬などで）止められたら、はい終了。そこでジ・エンドになります。B地点にたどり着けずに死滅するのです。だけど、妖精は、途中で横やりが入ると、方向転換ができます。その先でまた横やりが入れば、更に方向転換して、B地点にたどり着こうとします。別に躍起になっているわけでもなく、なにがなんでもたどり着いてやる！　なんて思っているわけでもなく、ただただ、そこに向かうように設計されているから、ピコピコそこに向かうだけなのです。

それだけなのだけど、風邪菌と違って、方向転換をしてB地点にたどり着くにはどうしたらいいか、を考える意思がある。だから、あの手この手を使って先に進む。それが妖精ちゃん。私にはこの妖精がAからBに向かうルートが、自分の身体の中で、作られていくのがわかりました。それがなんとも言えず、不謹慎かもしれませんが、面白いと思ったのです。微熱で体中の筋肉が痛くとも、鼻水のかみ過ぎで血が出ようとも、大好きなワンコの匂いだけ嗅覚がきかなくなろうとも、シトラス系の味覚だけしなくなったとしても、咳のし過ぎで肋骨にヒビが入ろうとも、3週間寝たきりだったとしても、面白い、と感じたのです。死ななかったのは、「コロナで死ぬ」という設定をしてきていないからでしょう。これを体感できたことは、正直、ラッキーでした。回復したからこそ言えるのですが、楽しめるのなら、おすすめします。だけど、楽しいと思えないのなら、おすすめはしません。妖精が来ないよう、防御した方が賢明でしょう。でも来てしまったのなら、楽しんでしまいましょう。

「ジャッジメント」と「好き嫌い」の違い

ジャッジメントとは、誰かを、誰かの思想を、裁くことです（裁判官のことを、英語でJudgeジャッジと言いますね）。良し悪しをつけることです。私たちにそんなことをする権利など、あるのでしょうか？　ジャッジした瞬間、分離のエネルギーを創り出します。良い悪い、正しい正しくない、裁く者裁かれる者、そこには分離しかありません。統合を目指しているのに、分離を創り出していては、本末転倒ですね。

ジャッジをしないということは、相手のことや相手の思想に賛成したり、自分も同じように思うということではありません。相手を相手として認める、「そういう人なのね」と認める、それだけのことです。認めたからと言って、仲良くする必要もないし、お付き合いをする必要もありません。あるがままに受け入れる。それがジャッジしない、ということです。

その点、好き嫌いは単なる趣味嗜好なので、嫌いな相手に向かって「あんた嫌い！」と言って分離のエネルギーを創り出さない限りは、自由なのではないでしょうか。私は、好き嫌いやこだわりのある人の方が、人間味があって面白いと思います。

嫌ってもいいですか？　ソウルメイトがいじわるする場合もある!?

嫌いな人っているんですか？　って聞かれることがあります。もちろん、います。嫌いな人は、ずっと嫌いです。その人が亡くなっても嫌いです。生きてるも死んでるも、私にとっては同じなので、亡くなったからと言って、急に私にとって良い人にはなりません。でも私は、嫌いな人は自分の世界から排除しているので、嫌いという感情に振り回されることはありません。されたことに夜な夜な思いを巡らせ、怒りの感情で眠れない夜を過ごす、なんてことはもうありません。そういう時も過去にはありましたが、覚醒して次元上昇してからはなくなりました。誰もがそれぞれの地球で生きています。自分の地球に相手を存在させない、と決めているだけです。

相手の良いところを見つけましょう、とか、好きになるように努力しましょう、なんてしません。嫌いなもんは嫌い。自分のその感情を認めてあげることが大事だと思っています。認めてあげて、さっさと相手を自分の世界から消してしまえばいいだけです。相手のいないパラレルへ移動するのです。どこかに存在しているであろうけど、目の前にいなければそれでいいのです。タイムラインの統合が起きた時に一瞬現れましたが、また消えました。

もっと言うと、嫌いという感情を楽しんでいる、とも言えます。地球でしか味わえないこの感情、なかなか面白いです。相手に向かって、「あんたなんか大嫌い」って、言いたい時もあるけど、言って分離のエネルギーを創り出すような野暮なことはしません。それに、心底嫌いなわけではないのです。嫌いな相手って、学びを運んできてくれるソウルメイトだったりする場合も多いからです。「あなたは私にこういうイヤなことをして、私はあなたにこういうひどいことをするね」「わかった！　そうしよう！」という契約を交わして地球に来るわけです。嘘だと思いますか？　そんなわけがない！　と言いたくなる気持ちもわかります。でもそうなんです。人間として何かを学ぶ。それには、ひどいことが起きるのが手っ取り早かったりします。そういうやり方を選んだのは、自分です。だから、そういう機会をもたらしてくれる相手には、感謝なのです。人間の自分はそんな風には思えませんけどね。だから、感謝できるならそうして、できなければ学びだけもらって、相手には、自分の世界から消えてもらいます。こんな軽い気持ちでいたら、私の世界から、嫌いな人がいなくなりました。

Chapter 3

自己統合

4次元ループを抜けるために霊性を遮断し、闇との繋がりを切って下さい！

打つか？　打たないか？
ワクチンでわかるあなたの死生観と次元の意識レベル

医療従事者には怒られるかもしれませんが、私は、ワクチンは「精神安定剤」だと思っています。打って安心するのなら打てばいいし、打って更に心配になるのなら、打たなければいい。それだけのことだと思っています。例えば、お友達の親御さんは、コロナ禍で鬱になってしまいました。でもワクチンを打ったらコロっと治ったそうです。そういうものなのです。私は打ったら痛いし、副作用出るだろうし、だから打ちたくないから打たない。それだけです。あまりワクチンの効果も信用していないし、インフルのワクチンも打ったことないけど、インフルにかかったことがありません。でも、かかる時はかかるし、かからない時はかからないのです。私もインフルにかかったことはありませんが、コロナにはかかりました。

要は、自分の波動が保てる方を選べばいい、ということです。なにを選択しても、その人の自由です。一つの選択をしたとしても、その後、家族の選択や状況が変わる中で、自分の考えや選択が変わることもあるでしょうし、それでいいと思います。風の時代、考えも猛スピードで変わるのは当たり前です。

死生観も人それぞれです。私はインフルやコロナで死ぬことは受け入れられるけど、ワクチン被害に遭って死ぬのは、受け入れられません。癌になった時も、癌で死ぬのはいいけど、抗癌剤で健康を害するのはイヤだったので、抗癌剤治療はしませんでした。車のエアーバッグも同じです。今ではすべての車についていますが、個人的にはオプションにしてほしいと思っていました。エアーバッグが誤作動して首が飛んだ子供の話とか、出始めの時はありました。もう何年も経って、安全性がだいぶ確認された今なら、いいかなと思うけれど、それは「交通事故で死ぬのは受け入れられるけど、命を救うためのエアーバッグの誤作動でケガしたり死ぬなんて、絶対許されない」という私の死生観からくる選択です。私は死に対しての恐怖はないけれど、生き方には確固としたビジョンがあります。死なないにしても、コロナにかかった副作用は受け入れられても、ワクチンの副作用はごめんです。それは私の死生観であり、良い悪いの問題ではありません。こういうことって、「統計」ではなく、「感覚」です。

自分の思想や価値観を尊重してほしければ、人のそれも尊重するべきです。だから私は人に打てとか打つなとか、一切言いません。「相手を思うなら言うべき」と言う人もいるでしょう。でもそれって、「思いやり」のつもりだと思いますが、実は「正義感」です。そして正義感とは、二極化や、大きさによっては戦争を引き起こすエネルギーと同じです。

ここから次元（意識の拡大）を上げてお話しします。ワクチンに関する一連の動き、「壮大な人体実験」だということは、スターシードのみなさんならおわかりだと思います。今回のワクチンは、今までのワクチンとは違うのも周知の事実です。人類がどうなるか、この変換期を選んで産まれてきた魂たちは、ここからの数年間の目撃者です。ワクワクしませんか？　ワクチン接種者とは、結局はこの「壮大な人体実験に協力する」と名乗りを上げた素晴らしい魂たちなのです。すごくないですか？　私なんか、「絶対協力しない」と言った方なので、不良です（笑）。接種者とそうでない者が、数年後、どこまで違ってくるのか、あるいはなんの変化もないのか。サイボーグ化されるのか、あるいは感染して死んでいくのか。レジスタンスやレネゲードとなって逃げながら戦っていくのか、あるいは、なんの変わりもない日常が待っているのか、どんな未来になるのかを想像すると、ほんと楽しみでしかたがありません。

コロナは闇の動き、と言う人もいますが、それは眠りの意識です。まだまだ二極化の中にいる証拠です。間違っている、と言っているわけではありません。「そうかもしれないし、そうではないかもしれない、どっちでもいい」というスタンスこそ、5次元意識です。4次元ですべてのものを統合し、そこを抜けた先には、究極の中立、ゼロポイントの視点が待っています。4次元で闇にフォーカスし、明るみに出します。でもそのお陰で闇と光を統合することができるのです。4次元を抜けるかどうかも、あなたの自由意志です。

次元は「移動する」のではなく「含めて」いくことがアセンションです！

私が幽体離脱してアセンションした時、すべての次元が見えました。感覚として、どこの次元のエネルギーかが、わかるようになったのです。私たちの身体があるのは、3次元。でも意識は、どこの次元にも行けます。宇宙から、私は11次元担当だと言われました。（次元の分け方は人それぞれなので、人によっては同じ次元に違う数字をつけていたりします）11次元はソース（「光」と呼んでいる場所）に近く、自分の担当次元より上は見えないのですが、下は見えます。それは、覚醒や次元上昇とは、次元を「移動」していくことではなく、「含めて」いくことだから、自分の最大の次元より下は見えるのです。つまり、意識の拡大とともに、見える次元は増えていくのです。

それぞれの次元のエネルギーはこんな感じです。

1次元　存在している
2次元　動きが出てくる、両極の始まり（ポラリティ）
3次元　二極の成立（ある、ない）、身体や時間（過去、現在、未来）、距離や空間（縦、横、幅）
4次元　幽界、冥界。分離感。目に見えない世界の始まり。龍や日本の神様。

UFO

5次元　自己統合後、分離感のない世界。多極化の始まり。マトリックスの恐怖からの解放、ノンデュアリティ

6次元　アセンデッドマスター意識

7次元　大天使意識

8次元　永遠、すべてが可能の世界

9次元以降　光、源、ソース、ワンネス、愛、創造主意識

4次元と5次元の間、マトリックスは抜けなくていい!?

ちょうど4次元と5次元の間に、マトリックスというものが存在します。イラストの中では、星座のような星の線で表されています。『マトリックス』と

いう映画をご覧になったでしょうか？　まさにあんな感じで、私たちは、このマトリックスの中で生きています。マトリックスの中で、自分という人間を演じています。産まれる前に、自分でキャラクターを決め、脚本を書き、様々な体験を設定して、地球にやってきます。我々が「創造主」と言われる所以です。私が幽体離脱して光に帰った時、聞こえてきたのは「この世はゲーム」という言葉でした。誰もが、自分というキャラクターを作り、自分というキャラクターでゲームをしています。たくさんのステージをクリアしながら、次に進んでいきます。イージーモードでプレイしている人もいれば、あえてハードモードを選択して遊んでいる人もいます。つまり、自分ですべてを設定して、自分で自分の作ったゲームを楽しんでいる、自作自演の世界なのです。ゲームのメインプレーヤーはいつだって自分。メインキャラクターを選ぶのか、モブキャラクターを選ぶのかも、あなたの自由。モブキャラというメインキャラクターなのです。このゲームは全部、マトリックスの中で行われています。

さて、このマトリックス、出なきゃいけないものだと思っていませんか？　わざわざ自分でマトリックスの中での体験を選んできたのに？　私が光から身体に意識が戻ってきた時、部屋の中がキラキラしていました。白黒映画がカラーになったかのように、すべてが鮮明に見えました。自分の身体もキラキラしていました。自分の腕を眺めながら「なんでこんなにキラキラしているんだろう？」と思いました。映画『マトリックス』の中で、ネオがマトリックスに戻った時、日常がキラキラしていましたよね。まさにあんな感じです。マトリックスの中ってね、本当はキラキラしているんですよ。「コントロールだ！」とか、怖いこと言う人いますけど、それは4次元意識です。間違っているわけではありません。人類は、なんらかの統制を必要としている生き物です。それを、コントロールと言えばコントロールです。でも、そのコントロールが存在する地球を体験したいと選んだのは、あなたです。我々は、「コントロール」からの解放ではなく、「コントロールの**恐怖**」から解き放たれる必要があるのです。「コントロール？　だからなに？」です。怖いと思えば怖いし、別にと思えば、別に、なのです。「コントロールの恐怖」からの解放こそが、「今」を楽しむコツです。ここまで読んだあなたなら、おわかりでしょう。あなたの意識はすでに、マトリックスを出ています。あとは、自分で設定してきた人生を楽しむ、と決めるだけです。

良い悪いをジャッジメントしない！ 中絶の真実、罪悪感の真実とは⁉

またまた、とってもセンシティブなお話をします。

この世の契約で、私が子供をもう一人産むことになっているのは、薄々感じていました。ですが、そろそろと思った矢先、病気になり、ドクターストップがかかりました。約束を果たせず申し訳ないという気持ちを、アセンデッドマスターのアシュタールにセッションの時に話したことがあります。彼は「ほっほっほ~魂はなんとも思っちゃいないさ。次の機会を待つだけだ」と言いました。私はそんなもんかと、ちょっとがっかりしたような、ホッとしたような気持ちになったのを覚えています。

知人に、7回中絶をした女性がいます。7回?! と聞いてびっくりし、身体は大丈夫なの? と聞きました。全然大丈夫~♪と彼女は言いました。7回とも同じ魂で、魂は「ああ~またタイミング間違えた~」と思いながら、8回目でやっと産んでもらえたのです(笑)。彼女の身体にはなんのダメージもなく、お子さんも無事に産まれ、今も母子ともに元気に仲良く暮らしています。なかなか信じがたい話ですよね。中絶は1回でも女性の身体に大きなダメージを与えると言われています。彼女の身体だけ丈夫に出来ているのでしょうか? いいいえ、彼女が何度中絶をしても身体にダメージがなかったのは、彼女に「罪悪感」が微塵もなかったからです。ひどい話だと思いますか？　でもそれが真実です。「罪悪感」という低い波動の感情が、私たちの身体をむしばむのです。

これは中絶をおすすめしている話でも、罪悪感持たずに中絶しましょう〜という話でも、もちろん、ありません！　罪悪感の話です。そもそも、罪悪感ゼロで生きるって、普通の人にはできないことです。ただ、もしあなたが何かに対して罪悪感を持って生きているなら、今一度見直してみてはいかがでしょうか？　その罪悪感、今後も持ち続けますか？　持ち続けることがあなたにとって最善の場合もあるでしょう。罪悪感から学ぶこともあるし、罪悪感があることで楽になっている部分もあるかもしれません。罪悪感を感じることを選ぶか、それとも、向き合って、対処して、手放していきますか？　はたまた、罪悪感を持たないことに罪悪感を抱きますか？　なんでも良いと思います。でも、今、あなたがこの本に出会ったのも、何かのタイミングかもしれません。どう選択していくかは、あなたの自由です。あなたを苦しめている罪悪感があるなら、少しでもその罪悪感が小さくなったらいいなと思います。

良い悪いのジャッジメントがある限り、罪悪感はつきまといます。自分の罪悪感に対しても、他人の罪悪感の有無に対しても、同じです。ノージャッジメントの世界は、統合された世界。固定観念を外し、統合された世界を目指しましょう。

血の繋がりは濃くない!? 固定観念を手放す話

血の繋がりとは、とても3次元的なもので、高次元的には存在しません。身体があるのが3次元なので当たり前と言えば当たり前ですね。それがゆえに、

「血の繋がりは濃い」「血の繋がりは大切」という固定観念が産まれます。固定観念だから悪いわけではなく、固定観念とわかった上で、「自分の価値観として取り入れるか取り入れないかを選択する自由がある」ということです。ある人にとっては大事だし、別の人にとってはどうでもいいのです。あなたに選ぶ自由があるのです。

子供の頃、アメリカに来て最初に出来たお友達が、中国人の女の子でした。放課後、その子と校庭で遊んでいると、その子のお父さんが彼女を迎えに来ました。初めて会う彼女のお父さん。そのお父さんを見て、私はぶったまげました。彼が、白人だったからです。金髪のブルーアイ。彼女は黒髪で瞳も黒。子供ながらに、ショックを受けました。なぜかと言うと、「ダディー！」とお父さんに駆け寄るお友達と、その子を腕を大きく広げて受け止める彼との間に流れている、「本当の親子の愛」に、私はなぜかショックを受けたのでした。だって、他人じゃないですか。血の繋がり、ないじゃないですか。当時の幼い私に、養子縁組みとかアダプションの制度はわからなかったけれど、「本当の親子ではない」というのだけはわかっていて、でも、「本当の親子」のエネルギーだけはしっかり感じ取っていて、そこには寸分の狂いもないほどの絆があって、お互いに対する愛おしさのようなエネルギーをヒシヒシと感じ、血の繋がっている家族にさえそんな愛情を感じたことのない当時の私には（スターシードあるある）、なぜかとてもショックでした。同時に、持っていることさえ知らなかった、「血の繋がり」に関するすべての固定観念が崩壊した瞬間でもありました。今でもあの時に感じたエネルギーは覚えているし、あの瞬間がきっかけとなって、法則とかルールとか規則とか、すべてを疑うクセがつきました。なかなかな反逆者になってしまったので、それがよかったのかどうかはわかりませんが（笑）、今役に立っているのは確かです。

話を戻すと、もし、「血の繋がり」が、足をひっぱっている状況にあなたが置かれているのだとしたら、その固定観念を外す許可を、自分に与えてほしいと思います。もし、あなたがそういう目で見られる側にいるなら、関係ないのだと、まずはあなたがあなたに対して、その枠を外して下さい。もちろん、大事にするならそれはそれで素晴らしいし、それも3次元的な学びです。足かせにするか、絆にするかは、あなた次第なのです。高次元的には、同じ光から産まれたわけですから、血の繋がりがあろうがなかろうが、私たちはすべての人と繋がっています。本当の意味で離れることは、ないのです。

性の解放の勘違い

「女性性の解放、男性性の解放」を勘違いしている人が多いように感じます。

性の解放って言うと、「どんな人とでも身体を重ねてもいい、3次元のルールはもう関係ない、もっと自由になろうぜ、それが人類愛」なんて言っている人をたまに見かけますが、とんでもない勘違いです。そこに愛がなければ、それはただのLust、欲望です。愛のない性行為を続けていると、オーラは汚れます。身体は一時的にスッキリしたと感じても、波動は下がります。なにかを得たと思っても、それはエゴに餌を与えただけです。地球が、人類が、「無償の愛」「真実の愛」に向かっているのに、逆行している行為です。目醒めると決めた魂は、愛のないものは手放す、手放させられる羽目になります。

ポルノや風俗などは、波動を下げるために、闇が作ったものです。欲望をコントロールできれば、人、特に男性の身体をコントロールすることができるからです。真の性の解放とは、このコントロールから解放されることです。今まで、ポルノなどの刺激物で知らず知らずのうちに洗脳され、身体がコントロールされてきました。その支配から解き放たれることが、本当の解放です。セックスなんて、誰にでもできます。5次元意識で生きる我々が目指すのは、メイク・ラブです。愛がなければ、メイク・ラブはできません。真の解放とは、洗脳された脳を浄化し、愛のあるメイク・ラブを楽しんでもいい、快楽を求めてもいい、それを自分に許可すること。そこに愛があれば、拒む必要はないのです。

もしあなたが、今まで欲望に支配されていたのだとしたら、そんな自分を嫌悪する必要はありません。闇の餌食になってしまっていた自分を許し、そして闇をも許し、ここから真の愛を持って生きていけばいいだけのこと。過去を嘆く必要もなければ、自分を戒める必要もありません。ましてや、自分は愛されない人間などと思う必要もありません。すべてが学びです。自分を許し、環境を許し、今の自分に必要のないものは手放していきましょう。

あと、逆説的に聞こえるかもしれませんが、不倫や浮気は悪いといった固定観念も、手放すことです。そのような枠より大事なのは、そこに愛があるかどうかだけ。結婚をする必要がないとか、した方がいいなどと言っているのではありません。結婚したければすればいいし、したくなければしなくていいのです。結婚している、というだけでは、そこに愛があるのかどうかなんて、他人にはわからないからです。枠ではなく、根本を、本質を見抜く目を養っていきましょう。メイク・ラブは愛を創ること。真実の愛に気づきたいのなら、まずは自分の行動から。

真の女性性、真の男性性、自己統合へのステップ！

女性性の開花とは、強さを認めることであり、男性性の開花とは、弱さを認めることである。

真の女性性とは、包容力と優しさであり、真の優しさは、強さからしか産まれません。

真の男性性とは、勇気と行動であり、真の勇気とは、弱さを知らなければ、産まれません。

これらを受け入れ、融合させた先にあるのが、女性性と男性性の統合であり、これは、自己統合への大事なステップなのです。

4次元ループからの抜け出し方

「あなた」が、4次元ループにハマっている（4次元担当ではない）という前提で、書きます。でも勘違いしないで下さいね。「あなた」をディスっているわけではありません。もうそこにいる必要ないよね？　という意味です。

チャネリングする時、どこと繋がっているのかが、とても大事になってきます。もし、あなたが「今、4次元ループにハマってるかも……」とか、「なんか最近、あっち行けだのこっち行けだの、ああしろこうしろって、上から色々言われるな〜」、と思ったとしたら、それはハッキリ言って、繋がっている先が、高次元ではありません。

こういう時は、思い切って「霊性にフタをする」時です。霊性にフタをするって、自分の能力を使わないって、とっても怖いこと、恐怖を感じることだと思います。今後二度と繋がれなくなったらどうしよう、能力が落ちたらどうしよう、と、不安になると思います。ですが、もし「霊性にフタをしなさい」と言われ、少しでも「怖い」と感じたのであれば、なおさら、一旦フタをする時です。キツイ言い方だとは思いますが、ここまで読んでモヤモヤするのであれば、あなたが、自分の能力を過信している、ということで、エゴが出ている時だからです。チャネリングができるって、すごいことでも、えらいことでもないんです。コツはありますが、やろうと思えば、誰にでもできることなんです。この事実を腑に落とさない限り、闇は、あなたを手放しません。あなたのエゴを揺さぶることで、あなたを繋ぎとめています。だから、思い切って、霊性を遮断し、闇との繋がりをきちんと切って下さい。

これは、実は、高次元が教えてくれたやり方です。私も、何度か、繋がれない状況になったことがあります。最初はとても焦りましたし、もう繋がれなくなっちゃった?! と不安になったりもしました。自分の頭上に、薄いヴェールがかぶさった感覚でした。そこにあるのはわかるのに、繋がれない。そんな感じでした。でも、それも一時的で、しばらくすると、また繋がる感覚が戻ってきました。あとでわかったのですが、闇の動きが強まると、高次元が私の霊性にヴェールをかぶせて、見つからないようにしてくれていたのです。闇につかまったからと言って悪いわけではありませんよ。あなたには、その経験が必要だった、ということでしょう。でも、もう抜ける時です。あなたには、自分で抜ける力があります。だから、今、これを読んでいます。

霊性にフタをして、外部からの声を遮断し、内へ内へと入っていって下さい。どんな答えも、あなたの中にしかありません。なぜなら、ハイヤーセルフとは、外に存在するものではなく、あなたの中にあるからです。自分の内からの声に耳を傾けて下さい。特に、あなたの中の「闇」に目をむけて下さい。4次元にいる外側の闇がアクセスできるのは、あなたの中の闇だけです。闇のない（正確には光と闇を統合している）人に、闇はアクセスできないのです。闇は、あなたの中の闇に、同調しているだけなんです。あなたの中に闇がなければ（光と統合されていれば）、闇はあなたには近づけないのです。

そして、3次元、普通の生活に目をむけて下さい。ないがしろにしていたところ、ありませんか？　何度も言っていますが、覚醒とは、次元を「移動」していくことではなく、次元を「含めて」いくことです。あなたがアクセスできる次元が増えていくということです。だから、3次元もとても大事、むしろ、どの次元よりも大事なんです。スピリチュアルを使ってそこから逃げていては、先には進めません。現実の生活に目をむけることは、あなたの人間性を上げます。経験値が増えるからです。前にも書きましたが、霊性より人間性、人間力です。

まとめます。

4次元ループから抜けるには、ズバリ、

- 霊性にフタをする（4次元の闇との繋がりを絶つ）
- 自分の内へと入っていく（自分軸を取り戻す）

●自分の中の闇と向き合う（陰陽統合）

●3次元の生活と向き合う。逃げていることがあれば対処する（経験値を上げて、人間性を磨く）

この4点を行うことで、必ず、4次元ループから抜けられます。抜けられたサインは、「霊性が戻ってくる」です。だから、恐れることはありません。人間性がアップしたことで、意識も拡大し、必ず、ワンランク上のあなたと出会えます。そういうあなたなら、今度こそ高次元と繋がれます。

我々には、自由意志があります。選択の自由です。あなたが4次元ループにハマったのは、あなたの自由意志です。つまり、抜けるのも、あなたの自由意志です。抜けることを選択さえすれば、抜けられます。何を選択するかは、あなたの自由です。

もし、あなたではなく、あなたの大事な人が、4次元ループにハマっているとしたら、温かく見守ってあげて下さい。そして、辛そうにしていたら、上記の4点にいざなってあげて下さい。無理矢理ひっぱっていくのではありません。いざなうのです。心がピュアでも、闇がない、というわけではありません。同時に、あなたがひっぱられないように、自分軸をしっかり持って、日々を楽しく生きていって下さい。

ネガティブ感情が強い人のアセンション方法

思考が強い人にありがちですが、私は「ネガティブ感情が強い」方でもありました。ただ、自己肯定感が高いせいか、そういう自分がとくに嫌いではなかったし、むしろ、「ネガティブ＝いろんなことが想定できる＝現実主義」と思っていました（おめでたい（笑））。ただ、「私はなんで心の底から楽しいって思えないのだろう？」とはずっと思っていました。そんな時、テレビで、マツコ・デラックスさんが「ハッピー遺伝子というものがあるけど、私は持って生まれていないの」と言っているのを見かけました。それを聞いた時「あっ、私もないんだわ」と思ったのです。「そもそもハッピーを感じる遺伝子がないんだから、ハッピーと思えなくて当然じゃん」と腑に落ちたわけです。そして、「ハッピーになろう。ハッピーにならなきゃ幸せじゃない。ハッピーじゃない自分はなにかがおかしいんだ」と思っている自分にも気づきました。逆説的に聞こえるかもしれませんが、私はその時、肩の荷が下りた感覚がしたのです。「なんだ、なんか自分じゃないものになろうとしていたな」って思ったし、「今のままでいいんじゃん」とも思ったわけです。スピ的な言い方をすれば、「受け入れ」と「手放し」が同時に起き、変に思うかもしれませんが、これがきっかけで波動が上がりました。

それから覚醒するまでの数年、ネガティブな自分を受け入れたら、生きやすくなっていきました。そしてだんだん、そのネガティブさえ、なんだか愛おしくなっていったのです。自分の感情はすべて自分が創り出したもので、同じように可愛い子供のような感覚です。あるYouTuberさんの言葉をお借りするなら「デキの悪い子（ネガティブちゃん）だからって、養子に出したりしないでしょ?!」。そして覚醒してわかったのですが、ネガティブもポジティブも、結局同じエネルギーなのです。極端な例で言えば、「どうせ私なんて」というエネルギーと、「私は人より優れている」というエネルギーは、同じなんです。つまり、どちらも「傲慢」なのです。自分でこの身体を選び、自分でこの性格を選び、自分でこの人生を選んできました。それを否定するということは、神、つまり自分への冒瀆《ぼうとく》になるわけです。

アセンションが進むにつれ、自己統合が起きた時、自分の中のポジティブもネガティブも統合され、今の私には、ポジティブやネガティブといった極そのものが存在していません。3次元的な分類はわかりますが、そこに良い悪いのジャッジがないので、変わりがないのです。そういう今だから思います。ポジティブとネガティブのある紆余曲折の二極人生を楽しむのもいいし、統合された楽な（たまにつまらない（笑））人生を選ぶのもいい。あなたの自由です。

ただ、もし「二極はもういいや」と思っているのだとしたら、こちらを参考にしてみて下さい。

○自分はネガティブ感情が強いことを認める。（受け入れ）
○自分はネガティブ感情が強いことに開きなおる。（手放す）
○自分のネガティブ感情を楽しむ！（どんな自分も愛する）

○他人のネガティブ感情を否定しない。（ジャッジメントを捨てる）
○どんなにネガティブ感情が強い人でも、アセンションはできると受け入れる！（制限をなくす）

自己統合は、この先にあります。自分と向き合っていれば、必ずどこへでも行けます。ワクワクしながら、やってみて下さい♪

「傷つけてくれてありがとう！」傷つくという選択肢

よく「あの人に傷つけられた！」という言い方をしますが、そもそも「傷つく」っていうのは、選択だってご存じですか？　あなたが感じているすべての感情は、あなたがその感情を選択して、味わっているのです。辛いとか、苦しいとか、傷つくとか、ネガティブと言われている感情も、すべてです。そんなはずはない！　そんなことするわけがない！　って思われるかもしれませんね。でもそうなんです。なぜそんなことをするのか？　それは、「人間だから」です。「人間を味わい」に地球に来たわけですから、すべての感情を味わいつくすのが、あなたの魂の目的です。宇宙には、ネガティブ感情が存在しないからです。「辛い」ってなに？「怖い」ってなに？「苦しい」ってなに？　地球には、そんな感情があるんだってよ！　味わいに行こうぜ！　と言って、あなたたちはやってきたのです。つまり、あなたが選んで感じている感情なのです。

だから本当は、相手に対して、「傷つけてくれてありがとう！」なんです。「感じてみたかった感情を感じさせてくれてありがとう！」とあなたの魂は言っているのです。産まれる前に、相手はあなたを傷つけるような行動をし、あなたは傷つくという感情を味わう。そういう契約を交わしてきた相手なのです。あえてあなたを傷つけるという悪役を買って出てくれた魂です。だからそういう相手も、あなたのソウルメイトなのです。人間のあなたはイヤでしょうけどね（笑）。

そして一番大事なことは、それを「選択しない」ということも、あなたにはできる、ということです。「傷つかない」を選択するだけなのです。それは自分の感情を押し殺すのとは違います。そろそろ傷つくことにも飽きてきたな、もう充分味わってきたな、これからは「傷つかない」人生を送ろう、と決めるだけなのです。意外とシンプルでしょ？　そんなこと無理！　できない！　と思うのなら、傷つくことをまだ味わいつくしていないのでしょうね。それも良し。もし、もうその選択はしたくないな、と思うのなら、まずは、「傷ついても、私は大丈夫」と自分に教えてあげて下さい。傷ついても、私は大丈夫なんだという覚悟が出来ると、徐々に傷つかなくなっていきます。そして、傷つかないという選択肢もあるんだよ、とだけ頭の片隅に置いておいて下さい。ある日突然、「もういいや」って思う日がやってくるかもしれません。

真の許しとは、「起きたことを起きたこととして受け入れる」こと！

許すと聞くと、相手を許すこと、と思われるかもしれませんが、それは違います。「起きたことを起きたこととして、受け入れる」。これが真の許しです。誰が何をしたとか、どんなことをされたとか、関係ないのです。それがなにであっても、すでに起きてしまったこと、起きたことを受け入れた時点で、許しが始まっているのです。「こんなことは起きるべきではなかった。こんなひどいことが私に起こるなんて、あってはならない」とあらがうから、許せない、という感情が産まれるのです。許すことは、「あの出来事は起きてよかった。あなたに起きてよかった」とすることではありません。ひどいことはひどいし、イヤなことはイヤです。でも起きたことは起きたこと。辛い出来事だったけど、起きてしまった。そう受け入れた時点で、あなたは許しているのです。なにを？　あなたを、です。こんな設定をしてきた自分を許しているのです。私たちは、自分の魂の成長のために様々な設定をしてきます。それは辛い経験を経て成長をする設定だったり、人に助けられて成長する設定かもしれません。様々なシナリオを事前に決めて産まれてくるわけですが、無意識に「こんなひどい設定をしてくる私なんて最低！」と思っていたりするのです。だから、本音を言うと、こんな状況に自分を置いた自分が一番許せなかったりするのです。「許さない」というエネルギーは分離のエネルギーです。「許す者」「許さない者」「許される者」「許されない者」が一気に創り出されるからです。それらが存在する世界に、あなたは今後も生きていきたいですか？　これらを一つでも消せば、自ずとすべてが消えます。許す許さない自体、存在しなくなるのです。調和された世界に行きたいのであれば、これらの立場を統合させてみてはどうでしょうか？

思考は停止させるな⁉　アセンションへの近道‼

今から17年ほど前に読んだ日本語の単行本で、初めて「アセンション」という言葉を知りました。題名も覚えていないその本には「思考の強い人はアセンションしない」と書いてありました。「何も考えていないキャピキャピした女子高生の方が、なにこれ〜あはは〜♪って感じでアセンションするんだよ」って書いてあり、「私は思考が強いし、キャピキャピもしてないから、関係ないや」と思って、それっきりでした。

だから、私がアセンションした時、「アセンションした」という自覚もないまま、ただ「幽体離脱して光に帰った」だけだと思っていました。だけど、それから1年ほど経って、友人に「それ、ただの幽体離脱じゃないでしょ。アセンションしたんでしょ」と言われ、ハっとしました。確かにそうでした。こういった、地球圏外に出る幽体離脱は実は2度目で、1度目とは身体に戻ってきてからの世界が、明らかに違いました。波動は爆上がりの、宇宙のすべてがわかる、まさにマトリックスを出た状態でした。

あの覚醒体験からだいぶ経ってから(思考がまともに働きだしてから)、考えました。「思考が強い」私が、なぜアセンションしたのか。私が思考をどう使っていたのか。そこで思い当たることは一つしかありませんでした。それは、明確に「自分の思考」というものを、「自分の感情」とは区別していたこと。アセンションする何年も前から、「思考なのか、感情なのか」を問うクセを自分につけていました。そして「感情を優先させる。思考は、感情を表現するために使う」というルールも自分に課していました。人は「思考」と「感情」と「身体」が密接に絡み合っている生き物です。その関係性を知り、バランスをとっていくことが大事だと思っていたからです。

「思考を停止させる」とはよく言うけれど、聞くたびに、なんだか思考がかわいそうになります。魂は、「思考する」ことも体験したくてやってきたのに、悪者扱いされてしまって、かわいそうだと思いませんか？　私がアセンションした瞬間は、確かに思考は停止していました。停止させたのではなく、勝手に停止していました。身体に戻ってからも、長い間停止していました。感覚のみで生活しているような状態でした。テレビを見ても何も入ってこない、本はもちろん読めない、運転するのも危ない。でもとても幸せな感覚でした。ただ、あのままでは人間ではない、ということも実感しました。だから、少しずつ思考も戻ってきて、こうやって自分の思考を、文字を使って書けています。それもまた、とても幸せなことなのです。

あの覚醒体験は、あくまで私のアセンション方法だっただけで、アセンション方法は人それぞれ。私のようにバン！　と行く人もいれば、徐々に進み、ある日気がついたらアセンションしていた、という人もいます。だからこそ、今思います。思考が強くてもアセンションできる！　思考は使い方次第！　なのだと。

まとめると、

○思考を停止させる必要はない。
○思考が強くてもアセンションできる。
○思考は感情を表すためのツール。
○思考にリードされない生活をする。
○感情の喜ぶことをする。

これが、アセンションへの近道です！

陰謀論も過去世もエンタメ

意識が拡大し、時間も空間（距離）も地球にしか存在しないことがわかってくると、過去も未来も同時に存在していることがわかってきます。地球に来てから経験したすべての過去世が、今この瞬間にも、パラレルにいる自分が体験していて、だからこそ、そこにアクセスすることができるのです。過去世にアクセスしながら、その時の自分を、体験したすべての感情を、今の自分が癒していきます。過去に起きたこと、それが現世での出来事だろうが、過去世で起きたことだろうが、それらを癒すことはとても大事です。私も魔女だった時代に魔女狩りに遭い、ギロチンにかけられた過去を癒したことで、現世での首周りの弱点を克服することができました。過去世を癒したことで、現世での今が変わったという事例は、数多くあります。

過去を癒すということは、過去に置いてきた自分のエネルギーを今に戻し、過去を軽くしていくことです。そして過去の体験はすべて、ただの体験となっていきます。ただの体験となった出来事は、貴重な体験であり、自分で設定してきたのだと知ります。その時、過去世はすべて、あなたの書いた脚本の中の、一つのエンターテインメントだったと気づくのです。ジャッジメントのない、魂が設定し、どうしても経験したかった、ただの体験。こんな最高のエンターテインメント、他にありますか？　陰謀論も同じです。表も裏も、裏の裏も裏の表も、いろんな角度から見れるって、素晴らしいと思いませんか？　過去世も陰謀論も最高のエンターテインメントです。心からそう思えた時、人は４次元を抜けるのです。

Chapter 4

覚　醒

目醒めると決めた魂が
必ず出会う「スピリチュアル・
カタリスト」について語ります！

「頑固さ」こそ、覚醒を邪魔する唯一のものです！

あなたの覚醒やアセンションを邪魔している唯一のもの。私はセッションをさせていただく中で、これがある人とない人で、その後の進み方が爆発的に違うと感じています。

それとはなにか。

ズバリ、「頑固さ」です！

頑固な人は、進みが遅いです。進まないわけではありません。ただ、亀、いや、ナマケモノ並みに遅いです（可愛いけれど）。頑固のエネルギーは、ブレーキのエネルギーと同類。しかも、アクセル踏みながらのブレーキだから、ややっこしい。風の時代です。なにかに固執していると、波に乗れません。「なんだかよくわからないけど、やっちゃえ！」の精神には「頑固」がありません。「やったことないけど、やってみる！」これが大事。失敗するのが怖いかもしれません。自分のやり方を崩すのは、コントロールを手放したようで怖いかもしれません。でも、コントロールなんて手放しちゃっていいんです！　失敗したっていいんです。だいたい、失敗なんて存在しません。すべて、設定どおり。すべて、宇宙の采配。

では、なにが最強かと言えば、これしかありません。

「素直さ」

これにつきます。なんでもかんでも鵜呑みにすればいいわけでは、もちろんありません。自分軸のズレている人は、あっちの言うことを聞き、こっちの言うことを聞きます。それはただの遠回り。自分軸があれば、どんな情報にも惑わされず、自分の好きな情報だけをキャッチして、動けます。もし「いや、それは」が口グセの人は、とりあえず「わかった！　やってみる！」と言ってみて下さい。実際やるかどうかは、後で吟味するとして、最初から否定のエネルギーを出すのはやめましょう。私自身、なんだかわからないけど、わかった！　と言ってやってみた時、結果がどうであれ、なにかが進んでいます。結果より、進んでいることが大事なんです。ゴールより道中こそが宝物。素直にやってみる！　素直に体験してみる！　素直に感じてみる！　を目指していこう！

トリガーポイントを知ると覚醒が進む

自分のトリガーポイントがわかると、ゼロポイント（自分軸）に戻りやすくなります。トリガーポイントとは何か？　簡単に言えば、あなたの感情を揺さぶる、アレやソレです。アレやソレは、人それぞれ違うけれど、ソレが起きると、銃の引き金のように、感情（特に怒り）が爆発するし、自分軸から一挙に外れるし、冷静でいられなくなります。それが悪いことだと言っているのではありません。人間なので、トリガーがあるのは当たり前です。トリガーがあることは自分に良しとしてあげましょう。ただ、自分のトリガーを知っていると、それ以外の出来事には、「必要以上に反応しない」という選択ができます。だって、すべてのことに反応していたら、疲れませんか？

私の場合、トリガーが二つあります。「学校での銃乱射事件」と「動物虐待」に関する出来事です。これらのことを耳にしてしまった日には、私の中の戦争をも引き起こす正義感が顔を出し、そんな悪いやつらはみな死刑！　と、怒り心頭に発します。トリガーをどう収めるかはまた別の話として、トリガー以外の出来事に対しては、俯瞰できるようになります。なので、トリガーは、内容も数も人によって様々ですが、自分のトリガーを知っておくことをおすすめします。あなたのトリガーポイントはなんですか？

人生というゲームの中で発生する「グリッチ」の存在

この世のすべては体験であり、学びです。あなたの世界に存在するすべての人は、あなたのために存在していて、あなたに起こるすべての出来事は、あなたのために起きます。悪いと判断されるであろう出来事も、あなたのために起きています。我々は、「様々な体験をする」という設定をして、地球にやってきます。その設定を遂行していく中で、「グリッチ」が起きることが、たまにあります。

グリッチとは、小さな誤作動。機能でもなく、バグでもない、一時的にシステムに起きる障害。グリッチは、予測なしで起き、トラブルシューティングが難しい。日々の生活の中で、「ここでの学びはなんだろう？」と考えても、わからない。今の自分の成長度合いではわからない場合もありますが、稀に、取るに足らないことに気を奪われている時、ありませんか？　深読みして時間を割くほどのことでもない出来事。それは、出来事自体が、グリッチである可能性があります。

例えば、先日、こんなことがありました。田舎道を運転していたら、前にノロノロ走っている車がいました。2車線しかない、両側には畑が広がる田舎道に、私の車と、そのノロノロ運転のオンボロ車の2台だけです。私はその車を追い越そうと、隣の車線に移りました。そしたらその車も、追い越されまいと隣の車線に移ってきたのです。その必要性、まったくないのに。最初は偶然かな、私の車が見えなかったのかな、と思ったので、私はもといた車線に戻ったら、その車も私の行く手を阻むように戻ってきたのです。ただのイジワルでした。それを数回繰り返した後、さすがにイラっとしたので、こいつらから離れようと、また隣の車線に移り、スピードを上げて、オンボロ車を追い越しました。その時に運転手を睨みつけようと、運転席を見ました。なんと、白人の老夫婦が悪そうな顔をしてニヤついていたのです。正直言って、びっくりしたし、ゾっとしました。人種差別なのかどうかわかりませんが、頭のイカれたヤツラが、人にイヤな思いをさせることに喜びを抱いている、そんな顔でした。私の中の老夫婦＝良い人、という固定観念は完全に崩れました（笑）。でもね、それ以外の学びはなんだったのだろう？　と考えた時、わからないのです。車の運転には気を付けましょう、とか、探そうと思えばありますが、どれもピンとこない。それで、わかったんです。あっ、グリッチだって。彼らは、5次元意識で生きている私の世界では、存在するはずがなかった人たち。それがなんらかの間違いで、一時的に存在してしまった。システムが起こしたグリッチだったのです。だから、一瞬表示されただけで、あのあとすぐに、彼らのいるべき次元に戻ったのです。バックミラーで確認した時、彼らの車はもう見えなかったので。

どんなことにも学びはある。逃げたらいけない。それは確かにそうです。ただ、グリッチは存在するのです。そもそも、この世はゲームです。ゲームであるなら、グリッチが存在するのは当たり前です。考えても考えてもわからないことは、グリッチである可能性があるのです。向き合いたくないからグリッチにしてしまおう、と言っているわけではありません。あなたの成長に大事な出来事を、グリッチと間違えてしまわないよう、注意しつつ、考えてもわからない時は、「あの出来事は、ただのグリッチだった」と判断するのも、あり、ということです。

「カタリスト」という存在とツインレイとの違い

目覚めると決めた魂には、必ず、「スピリチュアル・カタリスト」と呼ばれる存在との出会いがあります。「カタリスト」とは、覚醒へのきっかけとなる存在のことです。これは、「きっかけ」や「促進」を意味する化学用語ですが、スピ界でカタリストと言うと、「魂が目醒めるきっかけとなった存在」「意識の拡大を促進した存在」のことを、こう呼びます。かなり強烈な存在なので、相手が異性である場合、恋愛感情が産まれ、ツインレイと間違えやすいのですが、カタリストである場合、「きっかけとなる」のがお役目ですから、それが果たされた時、その相手はいなくなるか、関係性がそれ以上発展することはありません。個人的には好きな言葉ではありませんが、「偽ツインレイ」と呼ばれたりもします。ツインレイの相手はすべてカタリストの役目もあるので、間違えやすいのですが、ツインレイとは「周波数がまったく同じ」なのに対し、カタリストとは「非常によく似て」います。どちらかと言うと、ソウルメイトあるいは、ハイレベルソウルメイトと呼ばれる相手です。

カタリストの場合、あなたの存在が相手に影響をあまりもたらさないことが多いのも、ツインレイとの違いです。例えば、ヨガのグールーだったり、スピ・リーダーには、生徒がどう変化しようが、その人自身には特に変化はないですよね？　彼らは彼らの道を邁進するだけです。でも相手がツインレイの場合、必ずお互いに影響し合っています。多少のタイムラグはあろうとも、必ずお互いが変化し、同時に進化しています。

カタリストは、必ずしも、リーダーや著名人とは限りません。あなたにとって身近な存在、友人だったり学校の先生だったりする場合も、もちろんあります。あなたにしかわからないカタリストもいるでしょう。あなたが、誰かのカタリストであるかもしれませんね。私たちは大きな環の中に存在しています。すべての人が星座のように繋がっていて、様々な関係性の中で、それぞれに影響し合って生きています。壮大な繋がりですよね。

ワンネスは「繋がってる感」ではない⁉

私たちはみな繋がっている、とよく言われます。それはその通りです。ですが、それは「ワンネス」の意識ではありません。ワンネスとは、あなたも私も「同じ」という感覚です。私が光に行って身体に戻ってきた時、誰を見ても、「自分だ」と感じました。道ですれ違ったハゲのおじちゃんも、乳母車に入っている赤ちゃんも「自分だ」と感じました。「繋がっている」という感覚ではありませんでした。「繋がっている」と感じた時点で、分離しているからです。分離しているから、繋がっている、と感じるのです。でも私たちは、同じ光から産まれた。だから、ワンネスとは、「同じ」という感覚です。真の高次元には、この感覚が体感としてあります。人を自分と同じように扱う、見方を変えれば、自分のことも、人を扱うように大事に扱う、これがワンネスへ近づくコツです。

この世は平等か？　不平等か？

この世は平等かと聞かれれば、答えはNOでもあり、YESでもあります。

この3次元では、様々な生き方をしている人たちがいて、戦争という体験をしている人もいれば、順風満帆に優雅な毎日を送っている人たちもいます。単純に見れば、アンフェアでしょう。でも、幸せかどうかは、本人たちがどう感じているかによるし、何を学んでいるかは、本人たちにしかわからないことです。

更に俯瞰した時、私たちには過去世や未来世があります。それら全部を含めて見た時、すべての魂に与えられた機会は同じです。すべての体験を合わせると、あの人もこの人も、似たような魂の経験をしています。そうやって経験や体験を増やし、意識を拡大させ、魂磨きをしてきました。そしてたどり着いたのが、今世での「この世」です。だから、高次元的に見た時、この世はフェアでしかないのです。

これを読んでしまったあなたには、意識の拡大が起きました。なぜなら、「この世だけで人を判断する」ことは、もうあなたにはできないからです。あなたが「この世は不平等だ」という固定観念を持っていたとしたら、それはもう外れています。もちろん、望めばですけど。

AIの導入とユニバーサル・ベーシック・インカムの関係性

ＡＩの導入とユニバーサル・ベーシック・インカムの導入は、一見関連性がないようですが、実は密接に関わり合っています。ベーシック・インカムが導入され、「働かなくてもいい生活がやってくる、わーい」と思っている人も多いかと思いますが、「働かなくてもいい」と言うよりは、「働けなくなる」と言った方が正確かもしれません。なぜなら、ＡＩが導入されることで、とんでもない数の仕事（約3億件と言われています）が、なくなるからです。現時点で言われているだけでも、工場ワーカー、飲食業スタッフ、店舗スタッフ、人材派遣会社、貸店舗などの不動産業、もっと広い範囲で言うと、現金輸送などのキャッシュマネージメント企業などなど、たくさんの仕事がなくなります。だから、ベーシック・インカムを導入せざるをえない状況になるのです。仕事がなくなることを見込んで、ベーシック・インカムの導入を国が計画しているのかはわかりませんが、様々な国の一部で試験的にすでに導入されているのは確かです。

ＡＩが導入されることで、仕事を失う人たちがいる傍ら、富を得ていく人たちがいます。それは、ＡＩを創る人、ＡＩを使う人、ＡＩに投資する人たちです。これは、収入の格差、つまり、貧富の差が広がるということです。これを回避するにはどうするか。ＡＩ側につくしかありません。それができなければ、あるいは興味がなければ、ベーシック・インカムをもらって、贅沢《ぜいたく》はできないかもしれないけれど、働かなくてもいい自由を手にするか、ＡＩ側について富を得て、ベーシック・インカムに頼らないでいい自由を手にするか。どちらにしてもあなたは自由です。さて、あなたはどちらを選びますか？

ライトボディ化ってなに？

地球がアセンションに向かう過程で、地球自体の波動が上がっていきます。軽くなっていくわけです。それに伴い、地球上に暮らすすべての生き物、人類も波動が自然と上がっていきます。その時に起きるのが頭痛などの「アセンション症状」と呼ばれるものであり、その一環として、身体が「ライトボディ化」していきます。シンプルに言うと、ライトボディ化とは、「細胞が安定して取り込む、あるいは放てる光の量が増える」ことです。その光の量は、ＬＱ（Light Quotient）＝「光指数」で表すことができます。

「知能指数」はＩＱ（Intelligence Quotient）、「感情指数」はＥＱ（Emotional Quotient）で表示されるように、「光指数」はＬＱ（Light Quotient）で表されます。ＩＱやＥＱは数字で表しますが、ＬＱは１から１００までのパーセントで表します。光の量は、解消されたカルマの量と同じと言われています。つまり、目醒めが起こり、意識が拡大した時点で50％のカルマを解消したとすると、ＬＱもそのくらいと言われています。常に意識してライトワークをしているライトワーカーが1年で解消するカルマが１～２％なので、そのパーセンテージ分のLQが増えたと言えるでしょう。

LQ	意識レベル／状態
1〜2％	「目に見えない世界があるかもしれない」
50％未満	二極化
50％	目醒め・ゼロポイント・自己統合
80〜83％	常にアクティベーションや瞑想に時間を費やしている
90％	アセンションが完了に向かう
92％以上	アセンデッドマスターのレベル

わかりやすいように表にしてみましたが、あくまでも目安です。

どうしたら、このLQを増やせるのか。瞑想などで精神を安定させておくことはもちろんですが、ＬＱの視点から言うと、細胞に刻み込まれた波動の低いもの、ネガティブなものを軽くしていくことです。それには、今世や過去世のトラウマを癒していくこと。癒すとは、それらの記憶や出来事に光を当てていくこと、ヒーリングしていくことです。スピリチュアルな世界で、インナーチャイルドの癒しだの、過去世の癒しだの、陰陽統合など何度も聞くのは、このためです。意識が拡大していくと、ＬＱも上がっていきます。とはいえ、３次元に生きる人間の私たちは、まずはゼロポイントの50％を目指していけばいいと思っています。アセンションプロセスはそこからです。

参考文献
STABILIZE YOUR LIGHT QUOTIENT - LIGHTGRID - LICHTNETZ - REDDELUZ (ning.com)

LEARNING TO BECOME THE LIGHT OF GOD: Increasing the Light Quotient - Walking Terra Christa
The Light Workers Formula to Figure Out Your Personal Light Quotient - Spiritual Ascension Symptoms - Ashtar Command - Spiritual Community (ashtarcommand crew.net)

眠りは呪いなのか？「闇落ち」しないための自己統合とは⁉

「眠り」と言うと、呪いのように言う人がたまにいますが、そもそもなんで眠ったまま産まれてくるかと言うと、目醒めるためです。目醒めを経験したいがために、わざわざ眠りに就いて産まれてくるのです。目醒めた瞬間に、呪いが解けるわけではありません。眠った状態じゃないと、波動の低い人間というものが体験できないというのもありますし、地球での転生が終わる時に「目醒め」というのを体験したいから、それまで眠りに就くわけです。私たちの本質は目醒めた状態です。当然ながら、その状態から「目醒め」は体験できません。だから、眠っている状態はけっして悪ではありませんし、眠っている人たちが劣っているわけでもありません。タイミングの問題です。今目醒めた人たちは、これまでずっと眠っていたわけですし、目醒めの瞬間が今世だったというだけなのです。目醒めは、それぞれのタイミングで起こりますから、眠っている人を無理矢理起こす必要はありません。今世に目醒めるという設定をしていなければ、周りが何をしても何を言っても、目醒めない人は目醒めませんから。人のことはリスペクトしながらほっとくとして、まずは自分に集中しましょう。目醒めたいと思うのなら、目醒めを設定してきているはずです。途中で闇落ちしないように、自己統合していきましょう。そのためにも、「眠り」と「目醒め」は対等であり対だと知って下さい。

「目覚め」と「目醒め」の違い

スピリチュアルに少しでも興味ある人なら、「目覚め」や「目醒め」という言葉を一度は見たことがあるでしょう。この二つの言葉の違いをご存じですか？　簡単に言うと、3次元から4次元に意識が拡大した時を「目覚め」、4次元から5次元、あるいは更に上の次元に意識が拡大した時を「目醒め」というように区別できます。つまり「眠り」から目を覚ますのは、2ステップなのです。

「眠り」→「目覚め」→「目醒め」ということになります。次元で言えば、3次元→4次元→5次元、です。

目に見えている3次元の世界、目の前の生活から、今まで見えていなかった裏の世界、裏の目的、闇の存在、隠されていた真実（と思われること）、本当に起きていること（と思われること）、政府が隠していること、怖い宇宙人がいる世界、目に見えているだけじゃない何かに気づいた瞬間、それが「目覚め」です。ここで、「目醒めた」と勘違いする人は多いのですが、実はここが終わりではない。真の「目醒め」とは、4次元意識を超え、5次元意識、高次元意識に拡大すること、怖い宇宙人などいない領域に行くことです。でもそれは、別の次元に行ってしまうことではなく、次元を含めていくこと、増えていくことです。だから、「目醒め」ている人の中には、3次元意識も4次元意識もあるのです。5次元意識で3次元を見ることができる。3次元も4次元も否定することなく、スピリチュアルな存在としての自分の見解で物事が見られる。それが真に「目醒め」た人なのです。

私が自分の人生を振り返って今わかるのは、私が「目覚め」たのは、もうだいぶ昔のこと、それこそ小学生の頃だったのではないかと思います。この世は見えているだけではない、裏では怖いことも起きていて、嘘の情報を流し、私たちを騙そうとしている。行方不明になった子供たちはどこに行ってしまったのだろう？　身代金目的の誘拐でないのなら、子供たち自身が目的なのか。でも誰もそれに気づいていない雰囲気だし、黙っていた方が良さそうだ。そんなことを考えていた、とんでもなく暗い子供でした（苦笑）。そこから実際に「目醒め」るまで、実に30年以上の月日が経っています。その間スピリチュアルを勉強していたかと言えばそんなことはなく、普通に3次元を生き、酸いも甘いも経験し、人間としての自分を謳歌していたように感じます。「目醒め」る直前は、「ああ～幸せだな～やりたいことはやりつくしたし、もうこれ以上学ぶこともなさそうだし、いつお迎えが来てもいいかな～」なんて思っていました。もちろん学ぶことはもうないなんて、とんでもない勘違いでした。「目覚め」から、ある一定期間の学びがあり、それから「目醒め」たということです。だから、「目醒め」ることに、焦る必要などないということなのです。

これを読んでいるみなさんは、真に「目醒め」ると決めた魂です。浄化を繰り返しながら、4次元意識を超え、高次元意識にまで拡大していくのです。それができると、私は知っています。それが、あなたがこの本と出合った、真の目的ですから。

「できない」は、「やりたくない」、覚醒も同じ

誰にでも、やりたいけどできないことって、ありますよね。でも、できないってことは、本音はやりたくないんです。だから、できないんです。だったら、やらなければいい。やらないといけないことって、そんなにありますか？　もちろんやらないことで、不都合や不利益になることはあるでしょうけど、やりたくないのだから、無理してまでやる必要はないし、他にやってくれる人を探

すなり、お金を払って誰かにやってもらうなり、自分がやらないですむ方法を探せばいいのです。

例えば、部屋の隅に落ちているあの服を片付けなきゃと思うとします。でもめんどくさい。ああ～めんどくさい。だからほっとく。そんな状況の時、「片付けなきゃ～めんどくさ～い」という思考よりも、実際に部屋の隅まで歩いて行って、落ちている服を拾って、クローゼットに戻す。実は、この行動の方が体力を消耗しないって、ご存じですか？　つまり、「ああ～片付けなきゃ～」と思うそのエネルギーって、かなり膨大なんです。だから落ちている服を見ただけで、どっと疲れが出るのです。エネルギーを消耗しますから、当たり前です。何度も何度も思考するだけでエネルギー不足になるくらいだったら、さっさと身体を使って片付けちゃった方が、先に進めるのです。

覚醒に関しても同じことが言えます。覚醒したいって思う。でもワークができない。トラウマと向き合えない。手放しができない。許せない。様々な「できない理由」が見つかるでしょう。その理由を探しているうちは、「覚醒なんてしたくない。まだ眠っていたい」のです。できな〜いって言ってる間は、覚醒のタイミングではないのです。できない自分を責めて波動を下げるくらいなら、やらない方がマシです。

あと、覚醒すると、実はとっても大変だったりもします。まず理解者があまりいない。孤独になる場合もある。見えている世界が激変し、今までと同じというわけにはいかなくなる。今まで信じていたすべてのものがひっくり返る。破壊と再生。一気にやってきます。後戻りできない新しい人生を歩んでいく覚悟は、出来ていますか？　今がイヤだから覚醒したい。覚醒したら今よりマシなところに行ける。覚醒したらすべてが好転する。そう思っているなら、覚醒はやってきません。覚醒とはある意味、宇宙から与えられるものだからです。やるべきことをやらずして、覚醒なんて与えられません。

今一度、自問自答して下さい。

あなたは本当に覚醒したいですか？
それは今、ですか？
それに伴うワークをやると決めますか？
覚醒後の新たなミッションを遂行する覚悟はありますか？

もしすべてにYESと答えられるなら、あなたは絶対に覚醒します。覚醒したいと決めたのなら、それを信じて、手放して下さい。あとは宇宙におまかせです。

ジャニーズ問題の真の目的。始まっているジャパンバッシング

目醒めはそれぞれのタイミングで起きると書きました。でも、闇からの邪魔が入るのは確かです。4次元ループにハマらせたり、自己愛が育たない環境を作り上げたり、摩擦を作ったりします。例えば、ジャニーズ問題。一見、性加害問題、人権問題と捉えられるでしょう。もちろん、それもあります。この問題を軽んじるつもりは1ミリもありませんが、視点を変えると、それだけではないことが分かります。

目に見えていない部分で何が起きているかと言うと、闇が、ある国を使い、日本の波動を下げようとしているのです。日本人の怒りをあおり、正義感をあおり、お互いを敵と思わせ、カオスに導き、分離させる、つまり日本人の波動を下げるために利用したものなのです（ある国には言及しませんが、一般的に言われている国ではありません。どの国であれ、闇が都合よく利用しただけです）。その罠にまんまとハマってしまっている日本人が大勢います。間違っているものを正すのは良いのですが、ジャッジしたり、良し悪しをつけたり、悪者狩りをしたりするのは、自分たちの首を絞めるだけだと気づいていません。それらは、すべて分離のエネルギーを創り出しているだけです。

この問題が国連にまで取り上げられたのも、仕組まれたものです。いわゆる、ジャパンバッシングの一環です。世界での日本の地位を下げるためです。この状況はこれからも、あの手この手を使って、続くでしょう。

闇はなぜ、こんなにも日本を狙うのでしょうか？ 答えは簡単です。日本人に目醒められては困るからです。日本人は戦後の教育で、密かに波動の下がる教育を受け、自分たちは無力なのだと洗脳されてきました。でもここ数年で、急に目醒める人たちが増え始め、闇も焦りだしたのです。脅威に感じるほど、日本人の目醒め人としてのポテンシャルが高いからです。多くの日本人が目醒めると、闇など太刀打ちできないほどのエネルギーを発します。それは、地球をアセンションに導くのに充分すぎるほどのエネルギーです。

ジャニーズ問題に関し、「なぜ今更?」と思っている人たちもいるでしょう。

でも、今だから、なのです。アセンションに向かうこの時期だからこそ、日本の目醒めを邪魔する動きが加速化しているのです。闇は、この時期まで待った、とも言えるでしょう。つまり、目醒めに向かわないようにするのが真の目的です。そして、ジャニー喜多川さんは、日本に貢献するという目的を持ったプレーヤーにすぎないのです。彼のしたことを肯定しているわけではありません。表に出てきているものだけがすべてではない、という意識で物事を見てほしいのです。

私は、日本が令和を迎えた瞬間、アメリカの地にいながら、日本の波動が上がったのがわかりました。日本の方角から、目を開けていられないほどのまぶしい光が届きました。日本から、たくさんの光の矢が、四方八方に向かって放たれていました。それほどに、日本人というのは、エネルギーの強い人種なのです。

もし、このような問題で自分の中の何かがあおられたのであれば、外に怒りなどの感情をぶつけるのではなく、自分の中を見つめてほしいのです。自分の何がトリガーされ、何を手放せるのか、どうしたら自分の癒しに繋がるのか、考えてほしいのです。自分の浄化こそが、日本に貢献し、世界に貢献するのです。そして、日本を叩く人たちにはエネルギーを注ぐことなく、相手はそういうお役目なのだと知りましょう。それよりも、これを機に、日本人としての誇りを取り戻してほしいと思います。

Chapter 5

5次元の世界へ

「眠り続ける地球」と
「目醒める地球」
二極化が進むこの惑星で
あなたはどちらに住みたいか!?

私がハイヤーセルフの話をしない理由

私は、覚醒してからしばらくは、ハイヤーセルフの声が、自分の頭上から降ってくる感覚でした。ですが、ある時期から、自分の内から聞こえてくるようになったのです。どんな質問にも、外にいる何者かが答えてくれるのではなく、自分の中から答えが聞こえてくる。私自身（ロワーセルフ）が、ハイヤーセルフと一体化した、統合したと自覚した瞬間でした。答えはいつだって外ではなく、自分の中に存在する、と言われる所以です。ハイヤーセルフとは、自分自身なのです。

ハイヤーセルフの声が聞こえない、という方もいます。そういう方は、自分の内に入っていくことをおすすめします。宇宙とか、ハイヤーセルフとか、自分の外に答えを求めがちですが、本来は自分の中に存在していて、そこに耳を傾けるだけなのです。自分がハイヤーセルフ。それが腑に落ちてからは、「自分とは違う何者か」というイメージのハイヤーセルフの話をしなくなりました。ハイヤーセルフの声は私の声。私自身がハイヤーセルフだからです。

「真実なんてない」と気づけば探す必要もなくなる!!

4次元にいる人たちは、「真実」を追い求めます。なにが本当で、なにが嘘か。誰が本当のことを言っていて、誰が嘘をついているのか。そこにとても固執しています。私も真実を追求していた時期がありました。真実こそが正義で、嘘は悪。だから真実を探し出さなくてはいけない。真実を語る人を見極め、嘘つきは排除しなければいけない。そう思っていました。そんな「真実とはなにか」を模索していたある日、シャワーを浴びている時（水の浄化パワーってほんとすごい）、「真実なんてないよ」という声が聞こえたのです。真実なんて……ない?! それは、とてもはっきりした、パワフルな声でした。そして同時に、とても腑に落ちたのです。そっか、真実なんてないんだ! そもそも、最初っからなかったのか! と、残念に思うどころか、私は安堵にも似た、歓喜に包まれていました。宝の地図を頼りに旅に出て、やっと見つけた宝箱を開けたら、中は空っぽだった。だけど、旅路を振り返ったら、その宝箱には収まりきれないくらいの宝をすでに手にしていた。それこそが真実なのだと知った時、追い求めることから解放されました。だって、探す必要がなくなったのですから。だってないんだもん。はじめっから、なかったんだもん。こんな素晴らしいことってありますか? なぜなら、真実がないということは、嘘もない、ということだからです。真実を追い求めること自体が、嘘、虚偽、偽りを創り出していたのです。この「真実対偽り」はとても3次元的な枠です。二極が存在する3次元では当たり前のことで、4次元では真実の裏にある真実、嘘の裏にある嘘を見せられ、真実も嘘も統合されて、5次元へと拡大していくのです。

「はっ!? 消滅!?」潜在意識の消滅こそ意識拡大、統合のプロセスです!

人間の意識の領域は、10％が顕在意識、90％が潜在意識と言われていますね。顕在意識と潜在意識については、多くの情報がありますのであえて語りませんが、ここでは「自己統合後の意識の領域」についてお話ししたいと思います。

自己統合が完了した時、私には、ある声が聞こえました。それは、人間の声というよりは、ＡＩのような機械音でした。プログラムが完了した時にしゃべる、あの女性の声です。その声は、私の脳裏にこう伝えてきました。

「潜在意識が消滅しました」

私は一瞬「はっ?! 消滅?!」と思いましたが、確かにそういう感覚と体感がありました。そして知ったのです、顕在意識と潜在意識も統合されるのだということを。こんなこと聞いたことがなかったので、びっくりしました。でもよく考えたら、そもそも統合とは「意識の拡大」です。自分を深く知っていく中で、意識が拡大していき、二極を受け入れていけるだけの大きさに器が広がっていくわけです。その過程で、潜在意識にあった情報が明らかになっていき、その情報は、顕在意識の情報に変わります。顕在意識に上ってくる情報が増えれば増えるほど、潜在意識の領域が減ってくるのは自然ですよね。であるなら、潜在意識の消滅は、確かに起こるのです。

とはいえ、私たちは人間ですから、潜在意識の完全な消滅はなかなか難しいかもしれません。ですが、それに近い状態になることは可能だと思います。顕在意識と潜在意識の関係性はよく氷山で表されますが、一角しか見えていなかった氷山（顕在意識）が水面下からどんどん上昇してきて、見えるようになっていけば、当然見えない部分（潜在意識）は減っていきます。見えていなかったものが見えてくる、これが意識の拡大であり、統合です。

光と闇の統合とは

そもそも、統合とはなんでしょうか？

1個のクッキーの表を「光」とでもしましょう。クッキーの裏は「闇」となります。

ここまでは二極化の世界です。

では、このクッキーに紐をつけて、勢いよく、

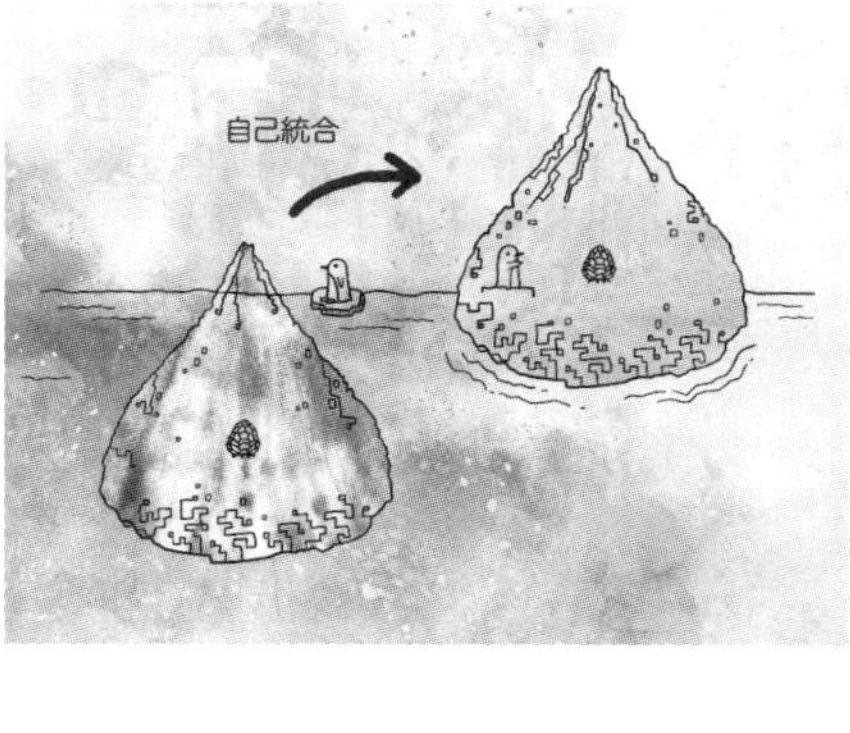

ぐるぐる回したとします。
見えてくるのは、きれいな円です。
裏も表も見えません。
見えるのは、二極が統合された、◯の世界。

でも、裏と表は、見えないだけで、存在はしています。
両方あるから、◯ができる。
どちらが悪くて、どちらが良い、というわけではない。
これが高次元（多次元）の世界です。

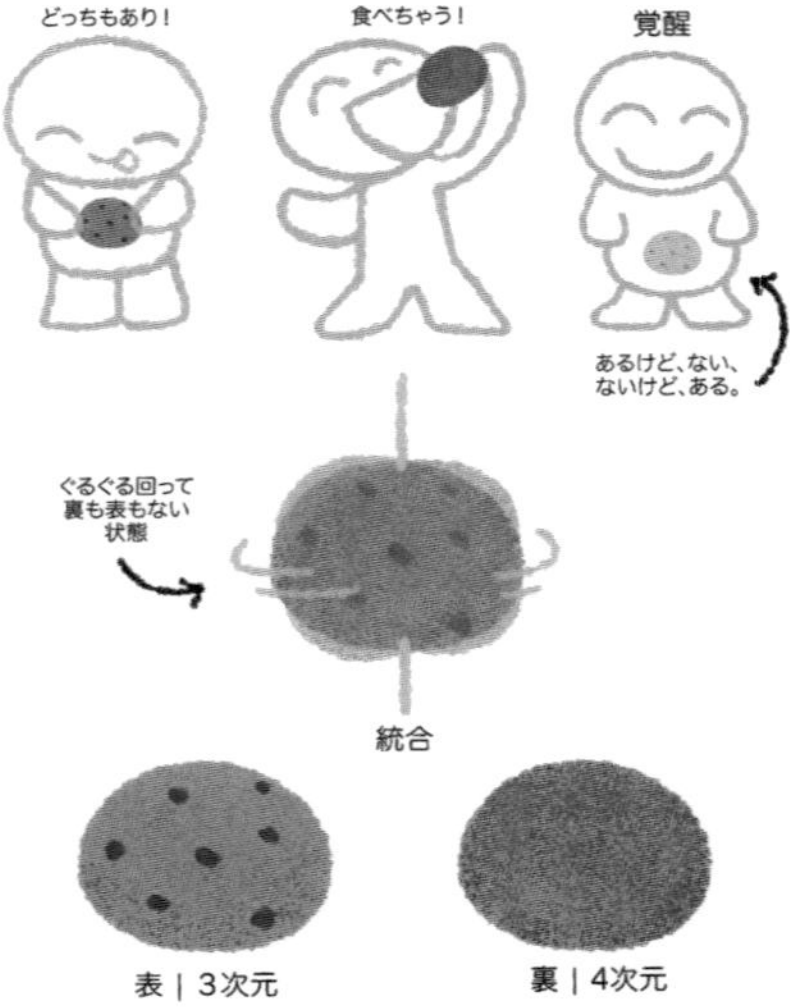

ではこのクッキー、食べたら、どうなるでしょう？
なくなりますね。
でもあなたのお腹の中にはある。

「あるけど、ない。ないけど、ある」

これが腑に落ちると、「覚醒」です。

この3次元に存在しているすべてのものは統合できます。すべてが二極化しているからです。あなたが存在している、あるいは存在していたすべてのタイムラインも統合できるのです。あの人が悪い、この人が悪いと、言っている場合ではありませんよ。自己統合しましょう。

地球の二極化・多極化・そして

地球は二極化の世界です。白と黒、左と右、上と下、男と女、良い悪い、あるない、よく観察するとほとんどのものが二極化しています。それは悪いことではなく、私たちの魂が、この二極化された制限のある地球を体験したくて、あえて今の地球を選択してやって来たのです。ですが、その地球も移行しました。目醒めた地球とは、多極化の惑星です。

多極化とは、今まで選択肢が二つしかなかったところに、選択肢がたくさん増えることです。一つ例をあげます。例えば、性別について。今までは、男か女、二者択一でした。稀なケース以外は、たいてい男か女、という性別を持って産まれてきます。ですが、今は性別を選択していける時代です。LGBTQ

＋というコミュニティがあるように、誰もがどの身体を持って産まれていたとしても、内面に合わせて性別を変えられる時代になりました。

最近では、その内面ですら、その日あるいは時期で変える、変わる若い人たちが増えています。逆にどちらにも属さない「ノンバイナリー」というカテゴリーも追加されました。これはこの先も、どんどん増えていくかと思われます。

枠がどんどん外れた自由な世界です。ただそれは同時に、性別に限らず、それまでは二つしかない選択肢の中から選んでいたのに、たくさんある選択肢の中から自分の進む道を選ばなくてはいけなくなった、ということでもあります。

選ぶだけではありません。創り出していくのです。選ぶことも創り出すことも、自分をよく知らないと、困惑してしまいますね。迷子になることも多々あるかと思います。できるだけその移行をスムーズにするためにも、自分はどうしたいのか、どのようになりたいのか、なにが好きでなにが嫌いなのか、きちんと知っておく必要があります。「自分軸の確立」が、必然となります。

さて、多極化の先には、なにがあるのでしょうか？　それは、「統合」です。話がズレているように感じるかもしれませんが、先の性別を例に、「多様化からの統合」について説明させていただきますね。今、地球のどこかの国では、女性の解放運動が起きています。教育を受ける権利、着たい服を着る権利、結婚相手を選ぶ権利などなど、先進国で生きる人たちには当たり前に与えられている権利すらない国の女性たちが、いまだ大勢います。そういう環境にいる女性たちが、命をかけて政府に対しデモをすれば、逮捕され警察に暴行を受け、大ケガあるいは、裁判にかけられることもなく死刑になることもあるのです。それは子供でも同じです。まだ子供なのに、女性だというだけで死刑になることもあります。もっともっとひどい話もあります。そういう国があるかと思えば、先ほど書いた、「一つの性別に固執しない」ことを選択できる自由のある国もある。こんな多極化、かつてあったでしょうか？

これが、「統合」とどう関係しているのか？　それは、あなたの中で、という意味です。「どちらが悪くてどちらが良い、という問題ではない」ことを受け入れられますか？　魂たちは、そこの場所を、その環境を、あえて選択してそこにいます。魂の成長のために、今いる場所、課題、ミッションを選んだのです。誰もがそうであるように、体験したくて選択したのです。それを受け入れられますか？　自分の国の話じゃないから無視していいや、私には関係ないと思えばいい、ということではありません。あなたの中の正義感やジャッジメントをなくしていこう、という話です。それができた時「統合できた」と感じるでしょう。

今後あなたが住む地球はどっち？「眠り続ける地球」と「目醒める地球」

今かなり顕著に、「眠り続ける地球」と、「目醒める地球」の二極化が進んでいます。普段の生活の中で、様々な「選択」を迫られること、増えていませんか？　テレビの中や、政治の世界、芸能界を見ても、一見、「何が正しくて、何が間違いか」を論争しているように見えますが、見ている側に問われているのは、「どっちが正しくて、どっちが間違いでしょうか？」などではなく、実は、「あなたはどういう世界で生きていきたいですか？」なのです。

例えば、ルール違反と言いながら、ルールそのものが常識外れでおかしいものって、たくさんありますよね？　選択を迫られた時、あなたは「ルールはルールだから」と、ルールを守ることを選択しますか？　もちろんそれもアリです。日本ではまっとうな意見でしょう。それとも、「そんなルールおかしい。自分に嘘をついてまで守りたくない」と思いますか？　前者は、窮屈でもあり自由も制限された、でもみながルールを守る秩序のある世界を創り出していくでしょう。後者は、ルールそのものが少ない、ある種カオスな（笑）、でも自由で愉快な個性的な世界を創り出していくでしょう。これは一つの例ですが、あなたがなにかの選択を迫られた時、良い悪いのジャッジメントに基づいた判断ではなく、あなたがこれからどういう世界で生きていきたいのか、を元に選択していってほしいのです。「ルールを守らず、人に迷惑をかけてもいいのか?!」などというレベルの話ではないことはもうおわかりですね？　人に合わせてではなく、自分自身の選択をしていくことが大事になります。その選択が次の選択へと繋がり、それらの選択を元に、あなたの世界が着々と創り出されて行きます。

「目醒めると、目醒めていない人たちとはもう会えなくなるの？」と聞かれる時があります。会えなくなってしまうと心配しているのなら、安心して下さい。彼らが、たとえ眠り続ける選択をしたとしても、会えなくなるわけではありません。それは、あなたが目醒めを選択したとしても、「眠り続ける地球」が見えなくなるわけではないからです。実際、ニュースを見れば眠っている地球の情報は入ってくるし、噂《うわさ》話で聞くかもしれない。ただ、あなたの周り（あなたの世界）で起きてはいない、というだけの状況になります。いずれはそういう情報すら入ってこなくなりますが、それは先のこと。今はまだ、お互いが見えている状態です。だから、あまりにも眠りこけている人が周りにいても（笑）、悲しいニュースを見ても、心配しないで下さい。あなたが目醒めを選択したのなら、ちゃんとそちらに向かいます。

同時に、自分の次元が上がった時、その次元にいる彼らに会える、と私は思っています。自分が変わると、相手も変わったりしませんか？　びっくりするくらい別人になっていたりします。それは、あなたの意識が拡大し、次元が上がったので、同じ次元にいる、別のバージョンの相手に会うからなのです。面白いですよね。

すべてはホログラフィックに存在しています。すべてのものが、見ようと思えば、いつでもなんでも見えるのです。過去世でも未来世でも、実は見えるのです。ただ、眠り続ける人たちは、眠っていることに気づいていないわけですから、「目醒めている地球を見てみよう」という気にならないだけです。だから、目醒めた人たちからすると、なんで私の言っていることがわからないの？と言いたくなったりもするでしょうけれど、人の選択も尊重しましょう。どちらの地球もサポートされています。

タイムラインの統合

ある程度覚醒が進むと、「タイムラインの統合」が始まります。私たちは、様々なタイムラインを常に自由に移動しています。意識的にしろ無意識にしろ、「移動」していた感覚でした。瞬時にできるとはいえ、その「移動」している感覚さえなくなっていくのが、タイムラインの統合です。過去、現在、未来が同時進行で進んでいる、ということもすでにご存じだと思います。今までは、それらにアクセスすることで情報がとれたり、パラレル移動することで再び体験することができていたのですが、このタイムラインの統合が進むと、すべてが「今」に集約されていきます。過去も未来も、今、存在している。そんな体験が出てきます。ただ、その時の感情はもうなく、ただの経験、ただの出来事として、今に存在しているだけで、癒しが完了していれば、それに惑わされることはありません。眠り続ける地球と目醒める地球が、分かれて行っていた感覚さえ、統合されていく感覚です。離れていっていると感じていた地球たちが、最後にもう一度、交差点で今まさにすれ違っている、その瞬間を味わっているのです。

その証拠に、疎遠になった人、縁が切れたと思っていた人たちが、ひょっこり現れたりしていませんか？　あるいは癒したと思っていたことが再び浮上してきたり、忘れていた出来事を急に思い出したりしていませんか？　お試しという捉え方もできますね。一瞬、自分が眠りに戻ってしまったのか？　と不安になる方もいるかと思いますが、安心して下さい。これは、タイムラインが統合されていく時に起きる現象です。その人たちと、また繋がるわけではありません。もちろん繋がりたければ繋がることは可能ですし、それでも良いです。大事なのは、すべてのことをジャッジしないこと。自分のゼロポイントに立って、受け入れることです。あらがわないこと。あなたは、いるべきところにいます。これは、5次元への扉の前に立った、ということなのです。

闇の生息地と言われる「4次元」もアセンションする!?

地球がアセンションへ向かっている今、人類は身体を持ったまま、3次元から5次元へ次元上昇しようとしています。忘れられがちなのは、4次元もアセンションする、ということです。冥界、幽界が消滅しつつある、と言われる所以です。闇の生息地と言われた4次元もアセンションし、闇自体がなくなります。4次元意識にとどまる人も減っています。見方を変えれば、4次元を体験できるって、希少価値がありますよね。今4次元を体験している方々は、先駆者なのです。先に4次元に突入し、光を与えるから、4次元はアセンションできるのです。そしてあなたも、4次元のお陰で、光と闇を統合し、ゼロポイントに立ち、5次元へと拡大していけるのです。

どうしたら4次元を抜けたってわかるのか

どうしたら、4次元意識を抜けたとわかるでしょうか？　それは、ズバリ、「敵がいなくなる」からです。4次元にいる間は、敵がいます。それは、ちょっと意地悪な友人だったり、パワハラをする上司だったり、コントロールしようとする近所のお節介おばちゃんだったりします。もっと大きな組織の場合もあります。国や政治家やメディア、保険会社などに対し、敵対心を抱いている場合もあるでしょう。相手が誰であれ、あなたの中の正義感やエゴが揺さぶられるのなら、そこはまだ4次元です。5次元意識になってからでも、もちろんそういう相手はいます。自分軸がブレることは起きるし、イヤな相手が現れるでしょう。でも一瞬です。一瞬で自分に戻れます。いつまでもネガティブな波動の中で悶々とすることはほとんどありません。それって、無敵ですよね。文字の如く、敵のいない状態、無敵になるのが、5次元意識です。相手を敵ではなく、同じ魂の存在として見れるようになると、そこはもう5次元の世界です。5次元意識で3次元を生きるってとっても楽なんです。今まで敵だと思っていた相手が、急に良い人になると言っているわけではありません。そういう場合ももちろんありますが、重要なのは、あなたの意識です。相手があなたのことをどう見ていようと、あなたにとって相手がどうでもいい存在になる。生きていようが、死んでいようが、それさえどうでもよくなる。あなたに影響を与えなくなる。それが、敵ではなくなる状態です。まさに無敵です。あなたが敵とみなしている存在は、どれだけいますか?

「おもてなしし過ぎる」日本人に伝えたい自己愛の世界のこと!

別の章で、アセンションを邪魔する唯一のものとして、「頑固さ」をあげました。では、波動を下げる唯一のものはなんだと思いますか？　それは、日本人に多い、自己愛の欠落です。それはＧＨＱの仕業だとか言う人もいます。その考えが間違っているとは言いませんが、他人にそこまでの権力を与えてどうするのでしょうか？　あなたの人生はあなたのものであり、宇宙から与えられたものであり、光から産まれたあなたは、神そのものなのです。だから、自分を大事にしない、愛さないという行為は、神への冒瀆です。自分より他人を優先する風習が日本にはありますが、自分を愛せない人が、本当に他人を愛することなどできるのでしょうか？　この「おもてなしし過ぎる」文化が、自己愛の低さに貢献していないでしょうか？

魂は自己愛に溢れています。すべての魂が同等であり、同じだということをわかっているからです。だけど、3次元レベル、人間レベルでは、自分と他人を比較し、卑下し、ジャッジし、ひねくれていきます。本当は、今のままで、十分なのに。私たちはみな、存在しているだけでいいのです。

自己愛がなければ、他人を大事にすることはできません。自己愛というと、わがままと思われそうですが、調和のあるわがまま、自分軸からのわがままは、自分さえよければいいという不調和のわがままとは違います。他人も自分だからです。つまり、自分を大事にするということは、他人を大事にするということと同じなのです。それが、調和のとれたわがままです。

高次元は愛の世界です。自己愛、他人愛、人類愛、そんな分類をする必要もないほど、愛しかありません。まずは自分を愛すること。調和をもって他人と接すること。そこはもう、高次元の世界です。

覚醒するのにスピを知らないとダメ？

「スピリチュアルにまったく興味のない人が覚醒することってあるんですか？」と聞かれることがあります。答えは、もちろんＹＥＳです。どんなにスピリチュアルに関する本を読んでも、どんなにアセンデッドマスターの話を聞いても、それは覚醒ではなく、知識量の増加にすぎません。そもそも、スピリチュアルと3次元の生活を切り離している時点で、間違っています。

"We are not human beings having a spiritual experience. We are spiritual beings having a human experience."
— Pierre Teilhard de Chardin

「私たちはスピリチュアルな体験をする人間なのではありません。人間的な経験をするスピリチュアルな存在なのです」
—テイヤール・ド・シャルダン

我々は人間という生き物を体験したくて、地球を選んでやってきました。だから、人間を一生懸命やるのが、一番スピリチュアルなのです。逆を言えば、私たちはもともと、すでにスピリチュアルなのです。そもそも、スピリチュアルとは、こういう考え方をすればスピとか、こういう状態になればスピとか、そういう条件付きの状態ではなく、あり方なのです。存在そのものがスピであり、もっと言えば、私たちは誰もが神の一部なのです。だから、すべてがスピであり、定義づけしようがしまいが、スピなしで、この世を語ることは不可能なのです。だからこそ、スピは横に置いておいても大丈夫なのです。スピスピ言わずとも、与えられた人生を思いっきり感情むき出しに生きる、それだけで充分スピなのです。スピリチュアルな存在である私たちがとる行動は、すべてスピリチュアルでしかありません。もっと言うと、覚醒とは、知識ではなく、体験です。体験だから、体感があります。身体でわかります。なかなかぴったりな表現は見つからないのですが、覚醒すると、脳で、身体に反応します。だから、知識を詰め込み過ぎて、頭でっかちにならないように、気を付けましょう。

「人間を思いっ切り味わう！」と「世の中のために働きます！」使命とは2ステップ

「使命」は誰にでもあるのでしょうか？　答えはYESでもあり、NOでもあります。使命は、2ステップ構造になっています。ファーストステップは、自分のための使命。それは、誰にでも与えられた使命。同じ光から産まれた魂たちが、「人間」というものをやりたい！　と志願し、波動の低い地球に転生することを選んだ。だから、「人間を思いっ切り味わう！」これが私たちの最初の使命です。地球にしかない感情を味わいつくし、ポジティブもネガティブも味わい、体験、体感し、荒れ狂うようなジェットコースターに乗り、怒って泣いて笑って、「人間」を思いっ切り演じる。これが私たちの最初の使命です。

何度も転生する中で、これらを体験します。そして、地球最後の転生がやってきます。その時に、ふと思うのです。「全部やりつくしたな」って。その時、あなたの中でなにかがはじけます。その瞬間、セカンドステップの使命がスタートするのです。ここからの使命とは、「世の中のために働きます！」という契約なのです。

「使命を見つけられたら幸せになれる」「今がイヤだから、使命でも見つけて、ここから逃げ出したい」なんて思っているうちはまだまだです。地球や他人のために生きる準備が整っていません。自分の幸せなんてどうでもよくなる、と言っているのではありません。どっちかではなく、どっちも、なのです。「自分はもう充分幸せ。この先なにがあっても、私は大丈夫」そう心底思えて初めて、宇宙は「あらそう。では次のステップね」と言って、次のステップへとあなたを導いてくれます。使命は見つけるものではなく、与えられるものなのです。使命を与えられるほどの人間に、あなたはなっていますか？　その覚悟は出来ていますか？

誰もが同じ光から産まれた

最後になりましたが、私が目醒めた時のお話をしたいと思います。私の目醒めは2段階に分かれていました。1段階目は2005年頃のことです。当時、出版されたばかりの、エックハルト・トール『ニュー・アース』（サンマーク出版）という本を読んでいた時のことです。ソファーに足を投げ出し、リラックスして読んでいると、急に意識が身体を抜け出しました。アストロ・プロジェクションや、幽体離脱などと言われる状態です。私の意識は、本を読んでいた姿勢のまま、ものすごいスピードで家を抜け、町を抜け、国を抜け、気づいたら、外から地球を見ていました。地球はまん丸で、蒼くて、それはそれは美しい惑星でした。「地球って、本当に水の星なんだ〜」と思いながら、その美しさに酔いしれていました。しばらくすると、「私はこの星を、自ら選んでやってきた」という自分の声が聞こえます。そしてその瞬間、ものすごいスピードで、来た道を戻るように、意識が身体に戻りました。身体に戻った私は嗚咽《おえつ》をもらしながら、泣いていました。そしてそんな自分にびっくりするのです。なにが起きたのかわからない中、感動しているのかもわからず、ただ、自分がなぜ地球に産まれてきたのかを思い出した、そんな感覚の中にいました。

あれから15年近くが過ぎた2019年、私はスマホでYouTubeを見ていました(時代の変化を感じます)。リラックスしながら見ていたのですが、なんでもない一瞬の間に、15年前のあの時のように、急に意識が身体を抜け出しました。今回も家を抜け、町を抜け、国を抜け、地球を外から見ていました。でも今回は、続きがあります。自分の左肩越しに、黄金色の光を感じ振り向くと、おっきなまん丸い光があり、その光の中に急スピードで吸い込まれていきました。暖かい光、身体ではなく、心が満たされていく感覚。私は暖かいその光の中に、しばらく漂っていました。私の意識は「これが愛なのか。これが愛なら、私は愛なんて感じたことがなかった」と感じていました。

私が光の中を漂っている間、魂が産まれていくのを見ました。大きな光の中から、小さな丸い光のつぶが、一個、また一個と、離れていくのです。あれが魂なのだと知っていました。そう、誰もが、同じ光から産まれたのです。だから、あの人もこの人も、誰もが自分の分身なのです。

しばらくして、どこからともなく「この世はゲームだよ」という声が聞こえてきました。その瞬間、私の意識はズンっと身体に戻りました。身体に戻った私は、また号泣していました。でも今回は、前回とは違う感覚でした。部屋がキラキラしているのです。3次元の私の目に見える感覚が違うのです。「この部屋、こんなにきれいだったっけ?」と思いました。ふと自分の腕を見たら、腕もキラキラしているのです。世の中が、白黒からカラーになった、そんな感覚でした。すべてのものがキラキラして見えました。この瞬間から1ヶ月ほど、私は人間ではなかったと思います。波動が爆上がりしているので、思考が停止した状態です。言葉が頭に入ってこないのです。テレビを見ても何も理解できない、本も読めない、人の会話がピンとこない、身体も自分のものでない感覚でした。ボーっとしているので、車の運転も危ない。すれ違う人たちがみな、自分だと感じるのです。繋がっているのではなく、自分がそこにいる、そんな感覚です。これがワンネスなんだと、あとで知りました。

この日を境に、別人になりました。松果体がうずき、定期的に宇宙の叡智がダウンロードされたり、ヒーリングができるようになったり、サイキック能力が開花したりするようになりました。もともとＨＳＰ[※1]でエンパス[※2]ですが、生きづらいのでフタをしていたのに、一気にフタが外れてしまいました。あとでこれがアセンションした状態、高次元意識だと知りました。あの暖かい光は、ソース・エネルギー、つまり私たちの源と呼ばれる場所でした。

今は波動も落ち着き、思考も戻り、こうやって言葉をまた使えるようになりました。いわゆるディセンションした状態ですが、これにも意味がありました。体感した5次元世界を、みなさまに広めるためです。地球がアセンションする時、一人でも多くの人が一緒にアセンションするよう、そして、自分の身体を迎えに戻ってきました。今は、そのためだけに存在しています。この本が、少しでもみなさまのアセンションへの役に立てればと思っています。みなさんは、私自身なのですから。

※1　感覚情報に敏感で人一倍繊細な人
※2　共感力が高い人

おわりに

アセンションで要となる次元が4次元だったのです！

この本を手にとっていただき、心より感謝申し上げます。私が2019年にアセンションし、身体を迎えにディセンションしてくる過程で、様々な次元が見えるようになりました。そして、人類がアセンションする上で要となる次元が、4次元だということもわかりました。この本が4次元にフォーカスしているのは、そのためです。4次元を抜けて、みなさまの意識が真の高次元へと拡大するために、少しでもこの本が役立ったのであれば、幸せです。繋がっていただき、本当にありがとうございました。みなさまにとって地球での毎日が、楽しく、楽で、愛溢れるものとなりますよう、心より願っています。

Yoshino

Yoshino
アセンション・ガイド。二度の大きな覚醒体験中に、私たちの源である光に戻り、ワンネスを体験。魂の視点を手に入れたその瞬間から、サイキック能力とヒーリング能力が開花。５次元意識で３次元を生きるためのセッションが人気。アセンション・ガイドを育成する講座やグループ・コンサル、マンツーマンのコーチングも定期的に開催している。YouTube やトークイベントなど、スピーカーとしても活動。カスタマイズされたフラーレンの作成や、相手のエネルギーを曼荼羅にするなどのアーティストとしての側面もある。アメリカ（カリフォルニア州、ニューヨーク州、テキサス州、フロリダ州）、日本、シンガポール、台湾などを転々とし、今はアメリカ・ミシガン州在住。

リンクツリー：https://linktr.ee/healeryoshino
YouTube：www.youtube.com/@ZeroPointAscension
インスタグラム：www.instagram.com/yoshino_light/

陰謀論は最高のエンタメ！ でもいつまでそこにいるの？
［4次元］の無限ループを抜けて！
さあ、高次元の世界へ行こう

第一刷 2024年3月31日

著者 Yoshino

発行人 石井健資
発行所 株式会社ヒカルランド
〒162-0821 東京都新宿区津久戸町3-11 TH1ビル6F
電話 03-6265-0852 ファックス 03-6265-0853
http://www.hikaruland.co.jp info@hikaruland.co.jp
振替 00180-8-496587

本文・カバー・製本 中央精版印刷株式会社
DTP 株式会社キャップス
編集担当 伊藤愛子

ISBN978-4-86742-360-8

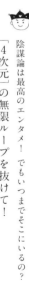

自然の中にいるような心地よさと開放感が
あなたにキセキを起こします

元氣屋イッテルの１階は、自然の生命活性エネルギーと肉体との交流を目的に創られた、奇跡の杉の空間です。私たちの生活の周りには多くの木材が使われていますが、そのどれもが高温乾燥・薬剤塗布により微生物がいなくなった、本来もっているはずの薬効を封じられているものばかりです。元氣屋イッテルの床、壁などの内装に使用しているのは、すべて45℃のほどよい環境でやさしくじっくり乾燥させた日本の杉材。しかもこの乾燥室さえも木材で作られた特別なものです。水分だけがなくなった杉材の中では、微生物や酵素が生きています。さらに、室内の冷暖房には従来のエアコンとはまったく異なるコンセプトで作られた特製の光冷暖房機を採用しています。この光冷暖は部屋全体に施された漆喰との共鳴反応によって、自然そのもののような心地よさを再現。森林浴をしているような開放感に包まれます。

みらくるな変化を起こす施術やイベントが
自由なあなたへと解放します

ヒカルランドで出版された著者の先生方やご縁のあった先生方のセッションが受けられる、お話が聞けるイベントを不定期開催しています。カラダとココロ、そして魂と向き合い、解放される、かけがえのない時間です。詳細はホームページ、またはメールマガジン、SNSなどでお知らせします。

神楽坂
ヒカルランド
みらくる
Shopping
&
Healing

元氣屋イッテル（神楽坂ヒカルランド みらくる：癒しと健康）
〒162-0805　東京都新宿区矢来町111番地
地下鉄東西線神楽坂駅２番出口より徒歩２分
TEL：03-5579-8948　メール：info@hikarulandmarket.com
不定休（営業日はホームページをご確認ください）
営業時間11：00～18：00（イベント開催時など、営業時間が変更になる場合があります。）
※ Healing メニューは予約制。事前のお申込みが必要となります。
ホームページ：https://kagurazakamiracle.com/

元氣屋イッテル
（神楽坂ヒカルランド みらくる：癒しと健康）
大好評営業中!!

宇宙の愛をカタチにする出版社　ヒカルランドがプロデュースしたヒーリングサロン、元氣屋イッテルは、宇宙の愛と癒しをカタチにしていくヒーリング☆エンターテインメントの殿堂を目指しています。カラダやココロ、魂が喜ぶ波動ヒーリングの逸品機器が、あなたの毎日をハピハピに！　AWG、音響チェアなどの他、期間限定でスペシャルなセッションも開催しています。まさに世界にここだけ、宇宙にここだけの場所。ソマチッドも観察でき、カラダの中の宇宙を体感できます！　専門のスタッフがあなたの好奇心に応え、ぴったりのセラピーをご案内します。セラピーをご希望の方は、ホームページからのご予約のほか、メールでinfo@hikarulandmarket.com、またはお電話で03-5579-8948へ、ご希望の施術内容、日時、お名前、お電話番号をお知らせくださいませ。あなたにキセキが起こる場所☆元氣屋イッテルで、みなさまをお待ちしております！

音響チェア～羊水の響き～

音響免疫理論に基づいてつくられた音響チェア。音が脊髄に伝わり体中の水分と共鳴することで、身体はポカポカ、細胞は元気に。心身ともにリラックスします。

A. 自然音Aコース　(60分) 10,000円
B. 自然音Bコース　(60分) 10,000円
C. 自然音A＋自然音B　(120分) 20,000円

お得な複数回チケットも！

3回チケット／24,000円
5回チケット／40,000円
10回チケット／80,000円＋1回無料

ソマチッド

暗視顕微鏡を使って、自分の体内のソマチッドを観察できます。どれだけいるのか、元気なのか、ぐったりなのか？　その時の自分の体調も見えてきます。

A. ワンみらくる（1回）　1,500円
B. ツーみらくる
（セラピーの前後比較の2回）　3,000円
C. とにかくソマチッド
（ソマチッド観察のみ、波動機器セラピーなしの1回）　3,000円

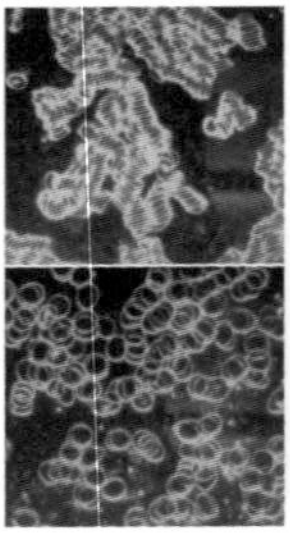

※ A、B は 5,000 円以上の波動機器セラピーをご利用の方限定

神楽坂
ヒカルランド
みらくる
Shopping
&
Healing

元氣屋イッテル（神楽坂ヒカルランド　みらくる：癒しと健康）
〒162-0805　東京都新宿区矢来町111番地
地下鉄東西線神楽坂駅2番出口より徒歩2分
TEL：03-5579-8948　メール：info@hikarulandmarket.com
不定休（営業日はホームページをご確認ください）
営業時間11：00～18：00（イベント開催時など、営業時間が変更になる場合があります。）
※ Healing メニューは予約制。事前のお申込みが必要となります。
ホームページ：https://kagurazakamiracle.com/

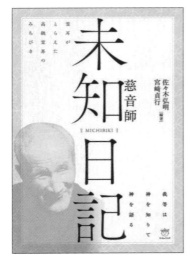

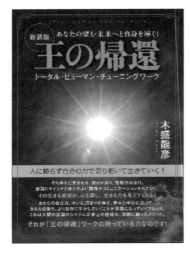